POURQUOI LES HUMAINS FONT-ILS CELA ?

101 Choses aléatoires, intéressantes et farfelues que les humains font - Les faits, la science et les anecdotes sur les raisons pour lesquelles nous faisons ce que nous faisons !

SCOTT MATTHEWS

Copyright © 2023 Scott Matthews

Tous droits réservés. Aucune partie de cette publication ne peut être reproduite, distribuée ou transmise sous quelque forme ou par quelque moyen, y compris la photocopie, l'enregistrement ou d'autres méthodes électroniques ou mécaniques, sans l'autorisation écrite de l'éditeur au préalable, sauf dans le cas de brèves citations incorporées dans des critiques et de certaines autres utilisations non commerciales autorisées par la loi sur les droits d'auteur.

Des noms de marque apparaissent tout au long de cet ouvrage. Plutôt que d'utiliser un symbole de marque à chaque occurrence d'un nom de marque, les noms sont utilisés de manière rédactionnelle, sans intention d'enfreindre la marque du propriétaire respectif. Les informations contenues dans ce livre sont distribuées « en l'état, » sans garantie. Bien que toutes les précautions aient été prises dans la préparation de cet ouvrage, ni l'auteur ni l'éditeur ne peuvent être tenus responsables envers toute personne ou entité de toute perte ou de tout dommage causé ou prétendument causé directement ou indirectement par les informations contenues dans ce livre.

Table des matières

Introduction	viii
1. S'embrasser sous le gui	1
2. Avoir des allergies	3
3. Se faire tatouer	4
4. Avoir la chair de poule	5
5. Avoir des années bissextiles	6
6. Devenir chauve	7
7. Sourire quand on est heureux	8
8. Sauter quand on est surpris	10
9. Briser les verres et dire « santé »	11
10. Souffler les bougies sur un gâteau d'anniversaire	13
11. Jeter des pièces dans les fontaines	14
12. Lancer du riz lors des mariages	16
13. Farce ou friandise	17
14. Réception-cadeau pour bébé	18
15. Prom	19
16. Du lait et des biscuits pour le Père Noël	20
17. Mesure en pouces / utilisation de Fahrenheit	21
18. Allumer des feux de joie	22
19. Faire éclater des feux d'artifice	23
20. Pendaison de crémaillère	24
21. Le pinky swear	27
22. Flipping the bird	29
23. Élections le mardi	31
24. High five	33
25. Les œufs de Pâques	35
26. Célébrer la Saint-Patrick	37
27. La décoration de l'arbre	38
28. Avoir des funérailles	39
29. Lune de miel	41
30. Petits poucesc	43
31. Signer avec notre signature	45
32. Dire « amour » au tennis	47
33. Fêtes de révélation de genre	48

34. Mardi Gras en Louisiane	49
35. Pleurer en coupant les oignons	50
36. Dire « à tes souhaits » quand quelqu'un éternue	52
37. Avoir froid quand on a de la fièvre	53
38. Avoir des pellicules	54
39. Utiliser des Dalmatiens comme mascottes de casernes de pompiers	56
40. S'étouffer avec notre propre salive	58
41. Avoir des brûlures d'estomac	60
42. Cuisiner nos aliments	62
43. Tondre nos pelouses	64
44. Porter des chaussettes	66
45. Couper nos cheveux	68
46. Fêter le 1er avril	70
47. Toucher du bois	71
48. Bâiller	72
49. Cligner	74
50. Éternuer	75
51. Péter	76
52. Avoir des cheveux gris	77
53. Avoir des rides	78
54. Hoquet	80
55. Transpiration	81
56. Avoir des maux de tête	82
57. Rougir	84
58. Porter du maquillage	85
59. Avoir besoin de boire de l'eau	86
60. Devenir amnésique	87
61. Dormir	89
62. Rêver	90
63. Attraper des coups de soleil	91
64. Avoir des bleus	92
65. Aimer les animaux mignons	93
66. Avoir de l'acné	95
67. Avoir des grains de beauté	97
68. Avoir les yeux rouges lorsqu'on les frotte	99
69. Puer quand on transpire	100
70. Aller aux toilettes	101
71. Pleurer quand on est triste	102
72. Rire	103
73. Avoir des amygdales	104

74. Avoir un appendice	106
75. Avoir besoin de vitamines	107
76. Boire du café	109
77. Faire une sieste	110
78. Faire du sport	112
79. Avoir des animaux de compagnie	113
80. Aimer la musique	115
81. Avoir des attaques de panique	117
82. Regarder le Super Bowl	119
83. Aller nager dans les piscines	120
84. Voir en couleur	121
85. Fumer la viande avant de la cuire	122
86. Mariner la viande avant de la cuire	124
87. Utiliser les réseaux sociaux	125
88. Avoir des poils du corps	126
89. Produire du cérumen	128
90. Avoir des cils	129
91. Marcher sur deux jambes	131
92. Partir en congé de maternité	133
93. Développer des béguins	134
94. Faire de l'art	135
95. Donner des câlins	136
96. Avoir des ongles incarnés	137
97. Serrer la main	138
98. Avoir des jardins	139
99. Se mettre au régime	141
100. Prendre des probiotiques	143
101. Parler	145

*« Plus tu lis, plus tu sauras de choses.
Plus tu apprends, à plus d'endroits tu iras. »*

- Dr Seuss

Introduction

Vous êtes-vous déjà demandé pourquoi les humains s'engagent dans une myriade de coutumes et de comportements qui semblent ordinaires mais qui s'avèrent curieusement intrigants ? Dans ce livre, nous entreprenons un voyage révélateur dans le but de découvrir les histoires, les origines et les significations fascinantes qui se cachent derrière les rituels qui constituent la tapisserie de la vie humaine. De l'acte joyeux de trinquer et de dire « à la santé, » à l'habitude particulière de jeter du riz lors des mariages, de l'excitation sinistre de la tradition du « trick or treat » d'Halloween aux rassemblements chaleureux des fêtes de naissance, et de la solennité des funérailles à la jubilation des pendaisons de crémaillère, ce livre vous emmène dans une expédition à travers le riche paysage culturel qui nous lie en tant qu'espèce.

Vous trouverez, au fil des pages, une exploration captivante des coutumes qui façonnent notre monde. Des habitudes quotidiennes que nous remettons rarement en question jusqu'aux phénomènes plus énigmatiques que nous avons fini par accepter sans trop y penser. Avec des chapitres sur tous les sujets, du plus banal au plus extraordinaire, ce livre vous invite à nous joindre pour dévoiler les mystères du comportement humain. Chaque chapitre est un portail vers l'expérience humaine, révélant les histoires cachées et les motivations profondes qui sous-tendent nos actions. Embarquez pour ce voyage extraordinaire à travers les bizarreries et les curiosités qui font de nous des êtres humains uniques, pour trouver la réponse à l'éternelle question : Pourquoi les humains font-ils cela ?

1. S'embrasser sous le gui

La tradition de s'embrasser sous le gui trouverait son origine dans les cultures païennes d'Europe. Les druides considéraient cette plante comme sacrée et lui attribuaient des pouvoirs de guérison, ainsi que la capacité d'éloigner les mauvais esprits. Dans la mythologie nordique, le gui était associé à la déesse de l'amour, Frigg, qui avait un fils nommé Baldr. Selon la légende, Baldr a été tué par une flèche de gui, et sa mère a versé des larmes qui se sont transformées en baies blanches du gui. Frigg déclara alors que la plante était un symbole d'amour et fit le vœu d'embrasser tous ceux qui passeraient sous elle. Au fil du temps, la tradition du baiser sous le gui a été associée à Noël, et c'est maintenant une coutume courante dans de nombreux pays. Les règles de cette tradition varient, mais en général, les personnes qui se retrouvent sous le gui sont censées échanger un baiser. Aujourd'hui, le gui est souvent accroché aux portes ou à d'autres endroits bien en vue pendant la période des fêtes, et il est considéré comme un signe de chance d'embrasser quelqu'un sous le gui. Bien que cette tradition ait des racines païennes, elle est devenue un moyen léger et festif pour les gens de montrer leur affection l'un envers l'autre pendant la période des fêtes.

2. Avoir des allergies

Les allergies sont une condition courante qui peut se manifester de diverses façons. Pour certaines personnes, elles provoquent des éternuements, des larmoiements et de légères démangeaisons. Pour d'autres, elles peuvent être plus graves, causant des problèmes respiratoires et des problèmes de pression artérielle. Les allergies se forment lorsque le corps d'une personne confond une substance inoffensive, telle que la protéine présente dans les arachides, avec un envahisseur dangereux tel qu'un parasite. Cela amène le système immunitaire à attaquer l'allergène, provoquant la libération de cellules inflammatoires et une variété de symptômes désagréables. Les allergies peuvent souvent être traitées par des médicaments en vente libre, mais les cas plus graves peuvent nécessiter l'évitement des allergènes et l'utilisation d'un epipen lors de l'exposition. Parfois, les médecins recommandent des injections spéciales aux personnes allergiques. Ces injections introduisent de petites quantités d'allergène dans le corps d'une personne afin d'augmenter la quantité qu'une personne peut tolérer avant que son corps ne réagisse à l'allergène.

3. Se faire tatouer

Les gens se tatouent depuis l'Antiquité. Dans le passé, de nombreuses cultures telles que les anciens Égyptiens et les anciens Japonais se faisaient tatouer pour s'identifier comme faisant partie de leur culture. De nombreuses autres cultures pratiquent également le tatouage, y compris celui des groupes autochtones américains. Beaucoup de ces tatouages étaient enracinés dans le statut de la personne au sein de la communauté, les croyances religieuses et la tenue de dossiers personnels. Les tatouages ont également été utilisés pour identifier les gens, mais ces types de tatouages n'étaient pas souvent reçus volontairement. Un exemple de ce type de tatouage est la chaîne de chiffres souvent tatouée sur les prisonniers juifs pendant la seconde guerre mondiale. Dans les temps modernes, les gens se font tatouer principalement à des fins décoratives. Souvent, ces tatouages ont une signification significative pour la personne qui les obtient. Certains tatouages sont destinés à commémorer des membres de la famille décédés ou à célébrer des événements tels que la naissance d'un enfant. Cependant, beaucoup de gens se font tatouer simplement parce qu'ils aiment leur apparence.

4. Avoir la chair de poule

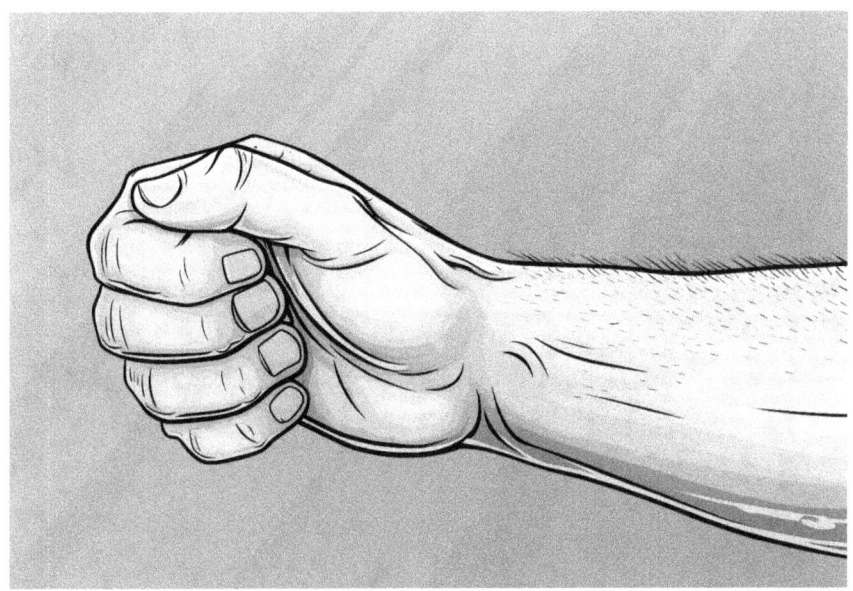

Vous êtes-vous déjà demandé pourquoi vous avez la chair de poule à chaque fois que vous avez froid ou que vous avez peur ? La chair de poule est un vestige d'une époque où les humains avaient des cheveux plus épais, et quand nous avions encore de la fourrure - avant de devenir humain. Ces petites bosses apparaissent lorsque les petits muscles de nos follicules pileux se tendent. C'est une manière de faire en sorte que nos poils se soulèvent de la même manière que la fourrure d'un chat se soulève à chaque fois qu'il a peur. Lorsque cela se produit, ça aide à garder les animaux au chaud et les aide à paraître plus gros. Ainsi, lorsque nous avons froid, notre corps essaie de nous réchauffer en gonflant notre fourrure désormais inexistante. Lorsque nous avons peur, notre corps suppose que nous sommes confrontés à une menace physique et tente de nous faire paraître plus grands en redressant nos manteaux invisibles. Bien que nous ne bénéficions plus de cette capacité, il n'y a aucune raison pour que notre corps cesse de produire cet effet. C'est l'une des choses étranges qui restent du passé, lorsque les humains étaient encore très différents de ce que nous sommes actuellement.

5. Avoir des années bissextiles

Pour la plupart des années, février est un mois composé de seulement 28 jours. Cependant, tous les quatre ans, février a 29 jours. C'est ce qu'on appelle l'année bissextile. Les années bissextiles se produisent parce que chaque année est basée sur une rotation autour du soleil. Une rotation du soleil dure environ 365 jours plus six heures supplémentaires. Au lieu de compter les six heures chaque année, nous laissons les six heures s'accumuler jusqu'à ce qu'elles atteignent vingt-quatre heures au total. Ensuite, nous ajoutons un jour supplémentaire à cette quatrième année pour compter les vingt-quatre heures que nous avons collectées. Cela permet à notre décompte de rattraper la bonne rotation de la Terre autour du soleil, sans que nous ayons à faire face à l'inconvénient de mettre un quart de jour dans nos calendriers chaque année. Ce jour supplémentaire est appelé la journée intercalaire. Les personnes nées le jour intercalaire n'ont qu'un anniversaire réel tous les quatre ans en raison de l'utilisation des années bissextiles. N'est-ce pas farfelu ?

6. Devenir chauve

À mesure que les hommes vieillissent, il est courant qu'ils commencent à perdre leurs cheveux. Certaines femmes se retrouvent également à perdre leurs cheveux, bien que ce soit généralement pas dans le même schéma que les hommes et que ce soit moins visible dans les premiers stades. Ceci est presque toujours causé par une hormone spécifique qui provoque le rétrécissement des follicules pileux sur la tête. Le nom de cette hormone est « dihydrotestostérone » ou « DHT. » Cette hormone stimule la croissance des cheveux sur le reste du corps tout en provoquant la perte de cheveux sur le dessus de la tête. Les hommes produisent naturellement plus de testostérone, ce qui mène à une production plus élevée de DHT. Les femmes, d'autre part, produisent des œstrogènes. Cela masque souvent l'effet de la testostérone, conduisant la calvitie à apparaître beaucoup plus tard dans la vie si elle se produit. Le risque de devenir chauve est presque directement lié à la génétique. La majorité de ceux qui deviennent chauves ont aussi un père qui est devenu chauve à un âge similaire. Cependant, il existe certains facteurs physiques et émotionnels et la calvitie qui ne sont pas liés à la génétique et à la DHT.

7. Sourire quand on est heureux

Le sourire se produit lorsque les humains soulèvent les coins de leur bouche. C'est généralement en réponse à une émotion positive. Pendant longtemps, les scientifiques ont cru qu'il s'agissait d'un comportement appris. Ils ont supposé que les bébés apprenaient à sourire en regardant leurs parents et les autres adultes sourire. Cependant, ils se sont vite rendu compte que ce n'était pas le cas lorsqu'ils ont remarqué que les nourrissons aveugles apprenaient à sourire. Sourire est un comportement inné qui est instinctif pour les humains. Lorsque les humains se sentent heureux, des endorphines sont produites. Ces endorphines indiquent à votre cerveau qu'il est temps de sourire. Une chose intéressante à propos du sourire est qu'il est également possible d'inverser cet effet. En vous forçant à sourire ou simplement en utilisant les muscles impliqués dans le sourire (comme votre muscle zygomatique majeur et votre muscle orbiculaire oculi), vous pouvez amener votre cerveau à libérer des endorphines et vous rendre heureux. On pense que ce réflexe s'est développé comme un moyen pour les humains d'afficher des émotions positives et de promouvoir le lien social sans avoir à utiliser le langage. Comme c'est intéressant !

8. Sauter quand on est surpris

La plupart des gens ont été effrayés ou surpris auparavant, et ont réagi en tremblant ou en sautant. C'est ce qu'on appelle la « réaction de sursaut. » Cette réponse commence dans le tronc cérébral. Le corps, sentant le danger, se prépare à réagir. Le tronc cérébral le fait réagir d'une manière qui permet de se déplacer rapidement afin de protéger les organes vitaux ou de fuir la situation. Cela provoque les muscles du corps à se déplacer rapidement par réflexe, ce qui fait « sauter » la personne. S'il n'y a pas de réelle menace, la réponse s'arrête là. La personne peut faire un bruit en sautant et peut respirer fortement pendant un moment - en attendant que la réaction de sursaut disparaisse - avant de revenir à l'état normal. Cependant, s'il y a une menace, la personne se mettra probablement à l'action, soit en se mettant dans une position défensive, soit en s'enfuyant. Ceux qui ont vécu un traumatisme dans le passé sont souvent plus facilement surpris parce que leur corps est pré-préparé à agir. Cela peut causer certaines personnes à « sauter » plus souvent que d'autres dans des situations inattendues.

9. Briser les verres et dire « santé »

La pratique consistant à faire tinter les verres et à dire « santé » est une pratique sociale courante qui est utilisée pour montrer sa bonne volonté et son amitié, souvent lorsqu'on porte un toast à quelqu'un ou à quelque chose. C'est une façon d'exprimer ses bonnes intentions et d'espérer que l'autre personne passera un bon moment. La pratique consistant à faire tinter les verres remonte à l'Antiquité grecque et romaine, et le mot « cheers » en anglais est dérivé du vieux français « cher. » Le fait de trinquer et de dire « à la vôtre ! » est une façon de célébrer les occasions spéciales et de montrer son appréciation aux autres. Il existe plusieurs théories sur l'origine de cette pratique. L'une d'entre elles veut que cette pratique ait commencé à éloigner les mauvais esprits et les démons, car le bruit des verres qui s'entrechoquent et des gens qui applaudissent bruyamment était censé les faire fuir. Une autre théorie est que cette pratique s'est développée pour éviter les empoisonnements, car mélanger les boissons et prendre une gorgée était une façon de montrer que les boissons étaient intactes. Une troisième théorie est que le fait de faire tinter les verres et de dire « santé » trouve son origine dans d'anciennes coutumes consistant à offrir des boissons alcoolisées aux dieux lors de célébrations ou comme moyen de faire un vœu ou une prière pour la bonne santé.

10. Souffler les bougies sur un gâteau d'anniversaire

Souffler les bougies sur un gâteau d'anniversaire est une tradition qui trouve ses racines dans la Grèce antique, où des gâteaux ronds sur lesquels étaient placées des bougies allumées étaient placés en l'honneur d'Artémis, la déesse de la lune. Les gâteaux représentaient la lune et les bougies la lumière de la lune, et l'on croyait que la fumée des bougies transmettait les souhaits et les prières aux dieux. La pratique consistant à utiliser des bougies sur un gâteau d'anniversaire trouve également ses racines en Allemagne, où une grande bougie était placée au centre d'un gâteau pour symboliser la lumière de la vie. De nos jours, les gâteaux d'anniversaire sont généralement décorés de bougies correspondant à l'âge fêté, la personne fait un vœu avant de souffler les bougies. Le fait de souffler les bougies est censé combler un désir et mettre fin à la fête, et il est souvent accompagné du chant « Joyeux anniversaire. » Les superstitions entourant l'acte de souffler des bougies sur un gâteau d'anniversaire incluent la croyance que le souhait doit être silencieux et que la réutilisation des bougies d'anniversaire porte malheur.

11. Jeter des pièces dans les fontaines

La tradition consistant à jeter des pièces de monnaie dans une fontaine est une pratique qui existe depuis des siècles et qui trouverait son origine dans les premières cultures européennes. L'eau est essentielle au maintien de la vie humaine et, dans de nombreuses régions, l'eau potable n'est que parfois facilement disponible. Les habitants de ces régions croyaient que les endroits où l'eau était propre étaient un cadeau des dieux, et les puits et les fontaines étaient souvent considérés comme des sanctuaires en raison de leur association avec l'eau propre. On pense que la pratique consistant à jeter des pièces de monnaie dans une fontaine s'est développée comme moyen d'honorer les dieux ou de faire un vœu. Dans de nombreuses cultures, on attribuait aux fontaines des propriétés magiques ou sacrées, et l'on pensait que lancer une pièce dans une fontaine pouvait porter chance ou exaucer un vœu. Une théorie sur les origines de cette tradition veut qu'elle remonte à la Rome antique, où les fontaines étaient souvent décorées de statues de dieux ou d'autres personnages mythiques. On croyait qu'en jetant une pièce dans une fontaine et en faisant un vœu, on pouvait plaire aux dieux et leur porter chance. Une autre théorie veut que cette pratique soit originaire d'Europe, où les fontaines étaient souvent associées à la bonne fortune et avaient le pouvoir d'exaucer les vœux.

12. Lancer du riz lors des mariages

La tradition de jeter du riz lors des mariages remonte à l'époque romaine et peut-être même plus loin. C'est une façon de souhaiter bonne chance et prospérité aux jeunes mariés, le riz symbolisant la fertilité et l'abondance dans de nombreuses cultures. À l'époque moderne, lancer du riz lors des mariages est devenu une tradition populaire dans de nombreuses régions du monde. Elle est souvent considérée comme une façon amusante et légère de célébrer les nouveaux mariés et de leur souhaiter bonne chance et prospérité dans leur nouvelle vie commune. Ces dernières années, certains couples ont remplacé le riz par des graines pour oiseaux, car ils craignaient que le riz non cuit éparpillé sur le sol ne nuise aux oiseaux, bien qu'il n'y ait aucune preuve à l'appui de cette affirmation. Le riz a également perdu de sa popularité en raison du risque que quelqu'un glisse dessus ou reçoive un grain dans l'œil. Dans certains pays, comme l'Italie, on jette des noix ou des confiseries enrobées de sucre, tandis qu'en France, on utilise du blé.

13. Farce ou friandise

Le trick-or-treating (farce ou friandise) est une tradition d'Halloween dans laquelle les enfants et parfois les adultes se déguisent et vont de maison en maison dans leur quartier, demandant des friandises telles que des bonbons avec la phrase « Trick or treat. » Les origines de cette tradition remontent à l'ancienne fête celtique de Samhain, qui célébrait la fin de la saison des récoltes et le début de la saison hivernale. Pendant Samhain, les Celtes pensaient que les frontières entre les vivants et les morts s'estompaient et que les fantômes des morts revenaient sur terre. Pour apaiser ces fantômes et les empêcher de causer des méfaits, les Celtes offraient de la nourriture et des boissons. La version moderne de « trick-or-treat » est née aux États-Unis dans les années 1930. Cependant, des traditions similaires ont été documentées dans d'autres pays, notamment en Angleterre et au Canada.

14. Réception-cadeau pour bébé

Les réceptions-cadeaux pour bébé sont une célébration de la future mère et de la naissance prochaine de son enfant. La future mère reçoit généralement des cadeaux et des vœux de la part de ses amis et de sa famille, et ce sont souvent les amis proches de la mère qui les organisent. Il est difficile de retracer les origines des fêtes de bébé. On pense toutefois qu'elles sont nées dans les civilisations anciennes, où les femmes enceintes étaient comblées de cadeaux et de vœux pour assurer un accouchement sans danger et en bonne santé. Aux États-Unis, les réceptions-cadeaux pour bébé telles que nous les connaissons aujourd'hui ont commencé à gagner en popularité au début du XXe siècle. Autrefois, il était plus fréquent que les réceptions-cadeaux pour bébé soient organisées après la naissance du bébé, mais aujourd'hui, il est plus courant qu'elles soient organisées au cours du dernier trimestre de la grossesse. Les réceptions-cadeaux pour bébé sont désormais une fête populaire dans de nombreux pays du monde. C'est une façon pour les amis et la famille de montrer leur soutien à la future mère et de l'aider à se préparer à l'arrivée de son nouveau bébé.

15. Prom

Le bal de fin d'année (prom), abréviation de promenade en anglais, est une danse formelle ou un rassemblement d'élèves du secondaire. Il a généralement lieu vers la fin de l'année scolaire et constitue un événement important pour de nombreux adolescents. Les origines du bal de fin d'année remontent à la fin du XIXe siècle, époque à laquelle il était courant pour les collèges et les universités d'organiser des bals officiels. Ces événements, appelés « bals de fin d'année, » étaient organisés pour célébrer la fin de l'année universitaire et permettre aux étudiants de se rencontrer et de danser. Au début du XXe siècle, les bals de fin d'année ont commencé à être organisés dans les lycées et sont devenus un événement social majeur pour les lycéens. Les bals de fin d'année impliquent généralement la sélection d'un roi et d'une reine du bal, et comprennent souvent d'autres activités telles qu'un dîner, une danse et le couronnement de la cour du bal. Aujourd'hui, le bal est un événement populaire dans les lycées du monde entier et est souvent considéré comme un rite de passage pour de nombreux adolescents.

16. Du lait et des biscuits pour le Père Noël

La tradition consistant à laisser du lait et des biscuits au Père Noël la veille de Noël est une tradition ancienne que de nombreuses familles du monde entier pratiquent. Les origines de cette tradition sont encore à déterminer, mais on pense qu'elle est née aux États-Unis dans les années 1930 et 1940. La coutume de laisser du lait et des biscuits pour le Père Noël est censée avoir commencé comme un moyen pour les enfants d'exprimer leur excitation et leur anticipation de Noël et de montrer leur reconnaissance pour tous les cadeaux que le Père Noël apporte.

17. Mesure en pouces / utilisation de Fahrenheit

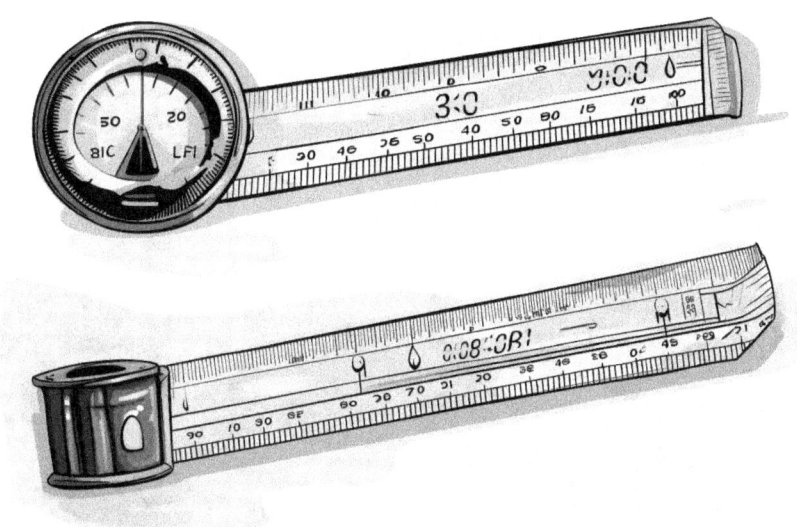

Un pouce est une unité de longueur égale à 1/12 de pied. Il est couramment utilisé comme unité de mesure standard aux États-Unis, au Canada et dans plusieurs autres pays. Le pouce (inch en anglais) est dérivé du latin « uncia, » qui signifie « un douzième, » et était initialement basé sur la largeur d'un pouce humain. Dans les civilisations anciennes, comme l'Empire romain, le pouce était utilisé comme unité de mesure standard, et il a continué à être utilisé de cette manière au cours des siècles. L'échelle Fahrenheit est basée sur la température à laquelle l'eau gèle et bout. Selon cette échelle, le point de congélation de l'eau est de 32 degrés Fahrenheit, et le point d'ébullition de l'eau est de 212 degrés Fahrenheit. L'échelle de Fahrenheit doit son nom au physicien allemand Daniel Gabriel Fahrenheit, qui l'a proposée en 1724. L'échelle Celsius, également connue sous le nom d'échelle centigrade, est basée sur la température à laquelle l'eau gèle et bout au niveau de la mer. Dans l'échelle Celsius, le point de congélation de l'eau est de 0 degré, et le point d'ébullition de l'eau est de 100 degrés.

18. Allumer des feux de joie

Les feux de joie ont une longue histoire et ont été utilisés à des fins diverses au cours des siècles. Le mot « feu de joie » vient du vieil anglais « bonfire, » qui signifie « feu d'os, » et désignait à l'origine un grand feu utilisé pour brûler des os. Les feux de joie ont été utilisés à de nombreuses fins différentes au cours de l'histoire, notamment pour éliminer les déchets, cuire les aliments, se chauffer et s'éclairer. Les feux de joie ont également été utilisés à des fins cérémonielles et culturelles. Dans de nombreuses cultures anciennes, les feux de joie étaient utilisés dans le cadre de rituels et de cérémonies religieuses, et ils étaient souvent associés à des pratiques spirituelles et magiques. Plus récemment, les feux de joie ont été utilisés pour célébrer des fêtes et des événements spéciaux, tels que « l'Independence Day » aux États-Unis et le « Guy Fawkes Day » au Royaume-Uni.

19. Faire éclater des feux d'artifice

Les gens font éclater des feux d'artifice pour diverses raisons, dont la célébration, le divertissement et la commémoration. Les feux d'artifice sont souvent utilisés pour marquer des occasions spéciales comme les vacances, les mariages et les événements sportifs. Ils sont également utilisés pour célébrer des événements nationaux et culturels tels que le réveillon du Nouvel An, le Jour de l'Indépendance et le Nouvel An chinois. Les feux d'artifice sont utilisés depuis des siècles comme une forme de divertissement, les spectacles devenant de plus en plus élaborés et sophistiqués au fil du temps. Ils sont appréciés par des personnes de tous âges et peuvent créer un sentiment d'excitation et d'émerveillement. Outre la célébration et le divertissement, les feux d'artifice peuvent également être utilisés pour la commémoration. Par exemple, ils sont souvent utilisés pour honorer la mémoire d'êtres chers qui sont décédés ou pour commémorer des événements historiques importants. Dans l'ensemble, les feux d'artifice sont devenus un moyen populaire pour les humains d'exprimer la joie, le bonheur et un sentiment d'unité et de solidarité.

20. Pendaison de crémaillère

Les pendaisons de crémaillère sont une façon traditionnelle d'accueillir des amis, des membres de la famille et des connaissances dans une nouvelle maison. Les origines de la pendaison de crémaillère remontent à l'Antiquité, lorsque les gens allumaient un feu dans une nouvelle maison pour symboliser la chaleur, la lumière et la protection. Aujourd'hui, les pendaisons de crémaillère sont l'occasion pour les nouveaux propriétaires de partager leur enthousiasme pour leur nouvelle maison avec leurs proches, de montrer leur nouvel espace et de recevoir des cadeaux pour les aider à s'installer. C'est aussi une façon pour les amis et la famille de féliciter les propriétaires et de les aider à célébrer ce nouveau chapitre de leur vie. Les pendaisons de crémaillère peuvent prendre de nombreuses formes différentes, des rassemblements décontractés aux événements plus formels. Certaines personnes choisissent d'organiser un repas-partage ou un barbecue, tandis que d'autres font appel à un traiteur ou organisent un dîner. Quel que soit le style, une pendaison de crémaillère est un moyen pour les nouveaux propriétaires de se rapprocher de leur communauté et de créer de nouveaux souvenirs dans leur nouvelle maison.

Le saviez-vous ?

- L'homme est la seule espèce connue qui s'adonne à des activités récréatives pour le plaisir.
- La personne moyenne passe environ six ans de sa vie à rêver.
- Les papilles gustatives sont remplacées tous les dix à quatorze jours.
- Les êtres humains ont des empreintes digitales, des empreintes de langue et des empreintes de pied uniques.
- Nous perdons environ 600 000 particules de peau par heure.
- L'homme est l'un des rares animaux capables de pleurer des larmes d'émotion.
- Le rire est un comportement humain universel, qui transcende les frontières culturelles.

21. Le pinky swear

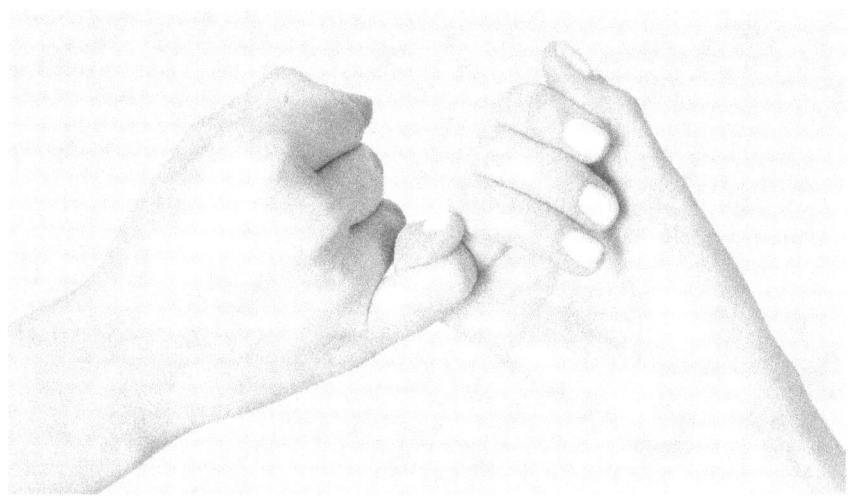

Le pinky swearing, également appelé « pinky promise, » est un geste de confiance et d'engagement souvent utilisé par les enfants et les jeunes adultes. Il s'agit d'un geste de confiance et d'engagement souvent utilisé par les enfants et les jeunes adultes. Le pinky swearing consiste à joindre les doigts de la main d'une personne et à lui faire une promesse ou un vœu. Les origines du pinky swearing ne sont pas tout à fait claires, mais on pense qu'il a vu le jour au Japon au XVIIe siècle. Selon certains témoignages, c'était un moyen pour les guerriers samouraïs de sceller leurs promesses en croisant leurs petits doigts. Dans les cultures occidentales, le pinky swearing est devenu un moyen courant pour les enfants de se faire des promesses. L'acte de lier les auriculaires est considéré comme un signe de sincérité et de confiance, et le fait de rompre une promesse par l'auriculaire est considéré comme un grave abus de confiance. Le pinky swearing est souvent utilisé pour sceller des promesses sur des choses qui sont importantes pour les enfants, comme garder un secret, partager un jouet ou être amis pour toujours. Il peut également être un moyen pour les adultes de faire des promesses légères, comme celle de se retrouver pour prendre un café ou d'accomplir une tâche dans un certain délai. En définitive, le pinky swearing est un moyen pour les gens de montrer leur engagement l'un envers l'autre et de renforcer l'importance de tenir sa parole.

22. Flipping the bird

« Flipping the bird » est un geste d'irrespect ou de défiance qui consiste à lever le majeur tout en gardant les autres doigts enroulés en poing. Ce geste est également connu sous le nom de « faire le doigt, » « faire un doigt d'honneur à quelqu'un » ou « faire le salut avec un doigt. » Les origines de ce geste ne sont pas tout à fait claires, mais on pense qu'il remonte à la Grèce antique, où il était connu sous le nom de « geste du phallus. » Ce geste était considéré comme un symbole de la puissance masculine et était utilisé pour éloigner les mauvais esprits. Au fil du temps, le geste a évolué pour devenir un symbole d'irrespect et de défi. De nos jours, faire un doigt d'honneur est considéré comme un geste grossier et offensant. Il est souvent utilisé pour exprimer la colère, la frustration ou le mépris envers quelqu'un ou quelque chose. Ce geste peut être considéré comme une façon de dire « allez vous faire voir » ou « je me fous de ce que vous pensez. » Faire un doigt d'honneur n'est pas approprié dans la plupart des situations sociales et peut entraîner des conflits, voire des problèmes juridiques. Il est considéré comme une forme d'agression verbale et peut être interprété comme une menace ou une invitation à se battre. En général, il vaut mieux éviter d'utiliser ce geste et trouver des moyens plus constructifs d'exprimer ses sentiments.

23. Élections le mardi

La tradition de tenir les élections fédérales américaines le mardi remonte au début du XIXe siècle. La décision de tenir les élections le mardi a été prise pour plusieurs raisons, notamment :

1. Les agriculteurs : Au début du 19e siècle, la majorité des Américains étaient des agriculteurs. Le mardi a été choisi comme jour d'élection parce qu'il permettait aux agriculteurs de se rendre au siège du comté, de voter et de rentrer chez eux à temps pour le jour du marché, qui avait généralement lieu le mercredi.

2. La religion : Le dimanche n'était pas considéré comme un bon jour pour tenir des élections car c'était un jour de repos pour de nombreuses communautés religieuses. De plus, le lundi n'était pas considéré comme idéal car il obligeait les gens à voyager le dimanche, ce qui n'était pas acceptable pour de nombreux groupes religieux.

3. Les voyages : Au 19ème siècle, voyager sur de longues distances était difficile et prenait du temps. Le mardi a été choisi comme jour d'élection parce qu'il donnait aux gens suffisamment de temps pour se

rendre aux urnes sans interférer avec d'autres activités ou engagements importants.

Depuis lors, la tradition de tenir les élections fédérales le mardi a été maintenue, même si bon nombre des raisons initiales de choisir ce jour ne sont plus pertinentes. Aujourd'hui, certaines personnes affirment que la tenue des élections le mardi peut décourager la participation électorale, en particulier chez les travailleurs qui peuvent avoir du mal à prendre congé pour aller voter. Cependant, changer le jour des élections nécessiterait une refonte importante du système électoral américain et il est peu probable que cela se produise dans un avenir proche.

24. High five

Un high five est un geste de célébration qui consiste à frapper les paumes de mains d'une autre personne. Il est généralement utilisé pour exprimer l'excitation ou les félicitations, et est devenu une forme courante de communication non verbale dans de nombreuses régions du monde. Les origines du high five ne sont pas tout à fait claires, mais on pense qu'il est né dans le monde du sport. Certaines sources attribuent la popularisation de ce geste à l'équipe de basket-ball de l'université de Louisville dans les années 1970, tandis que d'autres pointent du doigt un joueur de base-ball des Los Angeles Dodgers, Glenn Burke, qui était connu pour faire des high five à ses coéquipiers. Quelles que soient ses origines, le high five est rapidement devenu une forme de célébration populaire parmi les athlètes et les fans. Ce geste est souvent utilisé pour célébrer une victoire ou un bon jeu, et il est devenu un moyen courant pour les gens de montrer leur soutien et leur enthousiasme les uns envers les autres. Aujourd'hui, le high five est utilisé dans de nombreux contextes différents, des stades aux bureaux en passant par les écoles. C'est un moyen simple et efficace de montrer son appréciation et de développer la camaraderie, et il est souvent considéré comme un geste positif et stimulant.

25. Les œufs de Pâques

Les origines des œufs de Pâques remontent aux anciennes traditions païennes, qui célébraient l'arrivée du printemps et le renouveau de la vie. Les œufs étaient considérés comme un symbole de fertilité et de renaissance, et ils étaient souvent utilisés dans les rituels et les cérémonies pour apporter chance et prospérité. Lorsque le christianisme est devenu la religion dominante en Europe, de nombreuses traditions païennes associées à la fête du printemps ont été absorbées par la célébration chrétienne de Pâques. L'œuf, qui était depuis longtemps un symbole de vie nouvelle et de renaissance, a été associé à la résurrection de Jésus-Christ et à la promesse de la vie éternelle. Dans de nombreuses cultures, la tradition de décorer des œufs pour Pâques a commencé comme une façon de célébrer l'arrivée du printemps et le renouvellement du monde naturel. Les Grecs et les Romains de l'Antiquité, par exemple, teignaient les œufs de couleurs vives et les échangeaient comme cadeaux lors de la fête du printemps d'Ostara. Cette pratique a ensuite été adoptée par les chrétiens, qui décoraient les œufs aux couleurs de l'église, comme le rouge pour représenter le sang du Christ. Aujourd'hui, la tradition consistant à décorer et à cacher des œufs de Pâques est un élément populaire de la fête de Pâques dans de nombreux pays du monde. Les enfants participent souvent à des chasses aux œufs de Pâques, à la recherche d'œufs cachés remplis de bonbons ou de petits jouets. L'œuf reste un symbole de nouvelle vie et de renaissance, et il est un rappel puissant de l'espoir et du renouveau que représente Pâques pour les chrétiens.

26. Célébrer la Saint-Patrick

La Saint-Patrick est une fête originaire d'Irlande qui est célébrée dans le monde entier le 17 mars. Cette fête porte le nom de Saint-Patrick, le saint patron de l'Irlande, qui aurait apporté le christianisme au peuple irlandais au Ve siècle. La fête de la Saint-Patrick est célébrée en Irlande depuis plus de mille ans, mais ce n'est qu'au XVIIe siècle qu'elle a commencé à prendre sa forme moderne. Le premier défilé de la Saint-Patrick a eu lieu à New York en 1762, et la fête est depuis devenue une célébration culturelle populaire pour les personnes d'origine irlandaise du monde entier. En Irlande, la Saint-Patrick est une fête nationale, généralement marquée par des défilés, des festivals et d'autres célébrations. La couleur verte, qui est associée à l'Irlande, est un thème commun des célébrations de la Saint-Patrick, et de nombreuses personnes portent des vêtements ou des accessoires verts le jour de la fête. Aujourd'hui, la Saint-Patrick est célébrée dans de nombreux pays, et elle est devenue un symbole de la culture et du patrimoine irlandais dans le monde entier. Si la fête trouve ses racines dans la tradition religieuse, elle est aujourd'hui en grande partie une célébration laïque de l'histoire et de la culture irlandaises.

27. La décoration de l'arbre

La tradition de décorer un arbre de Noël remonte aux anciennes cultures païennes d'Europe, qui célébraient le solstice d'hiver avec des arbres et des branches à feuilles persistantes, symbole de vie et de renaissance. La pratique consistant à rentrer les arbres à l'intérieur et à les décorer avec des ornements et des bougies a ensuite été adoptée par les chrétiens dans le cadre de leurs célébrations de Noël. La tradition moderne de l'arbre de Noël remonte souvent à l'Allemagne du XVIe siècle, où les arbres étaient décorés de bougies et d'autres ornements dans le cadre de la célébration de Noël. Cette coutume s'est ensuite répandue dans toute l'Europe et a été introduite en Amérique du Nord par des immigrants allemands aux 18e et 19e siècles. Aujourd'hui, l'arbre de Noël est un symbole populaire des fêtes de fin d'année dans de nombreuses régions du monde, et il est souvent la pièce maîtresse des décorations de Noël dans les maisons, les églises et les lieux publics. L'arbre est généralement orné de lumières, de guirlandes, d'ornements et d'autres décorations, et il est considéré comme un symbole d'espoir, de joie et de renouveau pendant les jours sombres de l'hiver.

28. Avoir des funérailles

Bien que le concept et les pratiques des funérailles diffèrent selon les lieux et les cultures, reconnaître et célébrer ceux qui sont récemment décédés est une pratique que la plupart des cultures humaines partagent. Bien que la pratique soit généralement acceptée comme normale, beaucoup de gens qui y réfléchissent profondément se demandent exactement comment elle a commencé et pourquoi elle est si populaire. La réponse réside dans les croyances religieuses. Tout au long de l'histoire, de nombreuses religions avaient des croyances sur la façon dont on devait se comporter dans la vie et comment on devait être traité après la mort afin de se rendre dans l'au-delà. Les archives archéologiques montrent que les anciens humains et même les Néandertaliens avaient certains rituels qu'ils effectuaient une fois que quelqu'un était mort. La version moderne de ce processus a commencé avec les Égyptiens anciens qui embaumaient et à momifiaient leurs morts car ils croyaient que les corps seraient utilisés dans l'au-delà. En général, les érudits classent les funérailles comme ayant cinq composantes : les symboles, le rassemblement de la communauté, les rituels, la culture et la transition du corps. Ensemble, ces composantes forment un rite religieux élaboré qui permet aux individus de commencer le deuil de leurs proches.

29. Lune de miel

Les lunes de miel ont une histoire très intéressante enracinée dans des pratiques qui sont très étrangères aux humains modernes. La lune de miel originale n'était pas des vacances. En réalité, c'était une période de temps où une mariée était tenue à l'écart de sa famille après avoir été capturée par quelqu'un qui souhaitait l'épouser. A cette époque, les hommes choisissaient leur femme en les volant au lieu de les convaincre. Pendant la lune de miel, le couple se cachait des personnes qui voulaient potentiellement les empêcher de se marier. Notre version plus moderne d'une lune de miel a commencé au 19ème siècle. Les couples prenaient ce qu'on appelle une « visite nuptiale. » Pendant la tournée, ils rendaient visite à des parents et à des amis qui n'avaient pas pu assister au mariage. Finalement, cela s'est transformé en de simples vacances prises par un couple de jeunes mariés dans le but de profiter de leur mariage. Les compagnies aériennes commerciales ont rendu les possibilités de ces vacances beaucoup plus exotiques et maintenant les couples voyagent parfois à travers le monde pour célébrer leur amour. C'est un changement radical par rapport à l'époque où les couples se cachaient de la famille de la mariée afin de s'assurer que le mariage ne serait pas arrêté.

30. Petits pouces

Les origines de l'utilisation des signes pouces levés et pouces baissés sont contestées. Certains experts qui étudient les gorilles ont remarqué que de nombreux animaux avec des pouces opposables font également le signal. Cela indique que le signal peut s'être développé naturellement à partir du fait d'avoir des pouces opposables. D'autres soutiennent que les animaux vus en train de faire les signaux ont probablement été témoins de l'utilisation de ces signaux par des humains et ne font que les imiter. La première trace historique de l'utilisation du signal du pouce est lors de combats de gladiateurs. Les anciens Romains demandaient à la foule de lever le pouce ou de baisser le pouce pour indiquer ce qu'ils ressentaient pour un adversaire particulier, spécifiquement après sa défaite. On pense que donner un pouce levé signifiait que la foule votait pour que le gladiateur soit tué. Plus tard, le signal a été utilisé par les archers médiévaux pour montrer qu'ils étaient prêts pour la bataille. Ce n'est qu'après la Première Guerre mondiale que le signal est devenu synonyme de dire que quelque chose était bon ou agréable. Par la suite, il a lentement gagné du terrain dans le monde occidental et maintenant il est couramment utilisé pour signaler l'approbation de quelque chose. En outre, le pouce baissé est maintenant souvent utilisé pour montrer la désapprobation.

31. Signer avec notre signature

Les signatures sont utilisées pour montrer l'identité d'une personne qui signe un document. Cela a commencé avec les anciens Sumériens. Cependant, au lieu d'écrire leur nom dans un style spécial, ils estampillaient simplement un sceau personnel pour s'identifier. Cela a mené les Sumériens à utiliser des noms écrits comme signatures. Ceci est utilisé pour montrer l'identité de quelqu'un, généralement l'auteur du document écrit. Dans les temps modernes, les signatures peuvent également être utilisées pour montrer que les documents sont authentiques. Les signatures sont parfois juridiquement contraignantes et sont utilisées pour montrer que quelqu'un accepte toutes les conditions d'un contrat, est prêt à suivre ce contrat et accepte les conséquences qui viennent s'il le rompt. La falsification de signatures – ou l'écriture de la signature de quelqu'un d'autre sur un document – peut être considérée comme une fraude dans certaines circonstances et peut exposer quelqu'un à des sanctions légales et à des poursuites judiciaires. L'essor de la technologie conduisant à l'utilisation de signatures électroniques - qui peut parfois être aussi simple que de taper un nom dans un document - suscite certaines inquiétudes. Celles-ci sont plus difficiles à authentifier car on ne peut pas utiliser l'écriture manuscrite pour les comparer aux autres écritures d'une personne.

32. Dire « amour » au tennis

Au tennis, le score de zéro est souvent appelé « love » - amour. Ce terme a déconcerté de nombreuses personnes qui regardent le sport. Certains prétendent que l'histoire derrière le terme réside dans la forme du nombre zéro. Les Français ont remarqué que le nombre ressemblait à un œuf, en particulier celui d'une oie ou d'un canard. Ils ont commencé à l'appeler ainsi, le mot français pour un œuf étant « l'œuf. » Les anglophones, entendant mal le mot, ont commencé à l'appeler « love » à la place. Cependant, les étymologistes affirment qu'il y a peu de preuves pour cette théorie. Au lieu de cela, certains prétendent que cela vient probablement de l'idée de « jouer pour l'amour du jeu. » Les joueurs qui ne marquent aucun point mais continuent à jouer ne jouent probablement pas pour gagner. Ainsi, on croit qu'ils jouent pour « l'amour. » Cela se rapporte au terme amateur, car « amare » signifie aimer en latin. Cela signifie qu'un amateur est quelqu'un qui joue pour l'amour du jeu, donnant une certaine crédibilité à la théorie de « l'amour » au tennis

33. Fêtes de révélation de genre

Nous avons tous vu les vidéos en ligne de ballons bleus sortant d'une boîte ou de confettis roses sortant d'un canon pendant que les membres de la famille crient et sautent d'excitation. Les révélations de genre sont des fêtes que les gens organisent afin d'informer leurs amis et leur famille du sexe de leur enfant à naître. Parfois, les parents chanceux garderont le secret d'eux-mêmes, en demandant à un ami de confiance ou à un membre de la famille de fourrer les confettis dans la piñata ou en demandant à un boulanger local de cuire du rose ou du bleu à l'intérieur du gâteau. Cette pratique est née à la fin des années 2000. Les individus voulaient être en mesure d'informer leurs proches du sexe de leurs bébés d'une manière amusante et créative. Parfois, cela est fait afin d'informer la famille et les amis du type de choses à acheter au petit. D'autres fois, c'est l'occasion de présenter le nom choisi pour l'enfant. Dans d'autres cas, c'est juste une occasion de célébrer avec des êtres chers. Tout comme les baby showers deviennent de moins en moins populaires au fil du temps, la pratique s'estompe dans certaines parties du monde. Cependant, il est probable qu'elle se poursuivra au moins à petite échelle pour les années à venir.

34. Mardi Gras en Louisiane

Mardi Gras est un moment spécial en Louisiane où les gens se déguisent en costumes spéciaux, organisent des défilés et font la fête avec leur famille et leurs amis. Ce festival n'est normalement pas célébré en dehors de l'état de Louisiane, à quelques petites exceptions près. Le concept de Mardi Gras réside dans la culture catholique que l'on trouve en Louisiane. Mardi Gras est la veille du mercredi des Cendres, et le mercredi des Cendres est le jour qui commence la période de sacrifice et de jeûne, connue sous le nom de Carême. Afin de se préparer au sacrifice et au jeûne du Carême, les habitants de la Louisiane passent les jours qui le précèdent pour faire la fête et pour s'amuser autant que possible. Dans certains endroits, cela se fête principalement par une réunion de communauté, une organisation des défilés de familles et des préparations de grands plats à manger. Dans d'autres régions, les célébrations ne sont pas adaptées aux familles et sont souvent très axées sur les adultes. Toutes les traditions du Mardi Gras ont de la nourriture, et en particulier le gâteau des rois. C'est pourquoi Mardi Gras se traduit par « mardi gras » en anglais.

35. Pleurer en coupant les oignons

Les émissions de télévision et les films plaisantent souvent sur les gens qui pleurent en coupant des oignons. Quiconque a déjà coupé un oignon sait que c'est plus qu'une blague et que les oignons peuvent vraiment faire pleurer quelqu'un. C'est parce que les oignons contiennent un composant qui irrite l'œil humain. Les oignons poussent dans le sol et absorbent le soufre au fur et à mesure de leur croissance. Chaque fois que vous coupez dans un oignon, le soufre est libéré via un composant connu sous le nom de l'oxyde de propanethial. Une fois que ce composant atteint vos yeux, il provoque certaines glandes dans vos yeux à produire des larmes afin de laver l'irritant. Ces glandes sont connues sous le nom de glandes lacrymales. Les larmes produites par ces glandes aident à éliminer l'acide sulfureux de vos yeux et à prévenir toute irritation supplémentaire. Certaines personnes sont plus sensibles au composant présent dans les oignons que d'autres. Ces personnes devraient envisager de porter des lunettes de protection, de réfrigérer ou de congeler les oignons avant de les hacher ou de hacher les oignons pendant qu'ils sont sous l'eau.

Certaines personnes affirment que le trempage des oignons peut également aider, mais les recherches montrent que cela ne fait pas une grande différence dans la production de larmes.

36. Dire « à tes souhaits » quand quelqu'un éternue

Il existe différentes théories sur les raisons pour lesquelles les gens disent « à tes souhaits » quand quelqu'un éternue. Aucune théorie n'a été prouvée, mais les chercheurs disent que ces trois théories sont les plus susceptibles d'être vraies. On croit qu'à l'époque médiévale, les gens pensaient que l'âme quittait le corps lorsqu'on éternuait. Dire « à tes souhaits » était soit censé empêcher un démon d'entrer dans le corps avant que l'âme ne puisse y revenir, ou à forcer l'âme à retourner dans le corps. Une autre théorie derrière cela a également commencé à l'époque médiévale. Certains érudits croient qu'à cette époque, les gens disaient « à tes souhaits » si quelqu'un éternuait, car cela pouvait être un signe que quelqu'un avait la peste pulmonaire. C'est une version de la peste noire qui a tué un grand nombre de personnes pendant cette période. La théorie finale affirme que les gens croyaient que le cœur s'arrêtait lorsqu'on éternuait. Dire « à tes souhaits », c'était montrer l'espoir que le cœur continuerait à battre après et que ce ne serait pas la fin de la vie. Dans les temps modernes, c'est simplement une façon culturellement acceptable de répondre à quelqu'un qui éternue et cela montre les bonnes manières.

37. Avoir froid quand on a de la fièvre

L'idée d'avoir froid alors que votre corps est à une température plus élevée semble contre-intuitif. Les fièvres se produisent souvent lorsque les individus combattent une maladie et sont une tentative du corps de tuer les microbes par la chaleur. Chaque fois que cela se produit, le cerveau remarque les microbes et règle la température corporelle interne pour qu'elle soit supérieure à la température corporelle normale (98,6 degrés Fahrenheit / 37 degrés Celsius). Le reste de votre corps commencera à avoir froid et à frissonner pour générer de la chaleur pour atteindre la température nécessaire pour combattre la maladie. Si le corps réussit, la chaleur nouvellement générée empêche les microbes de se multiplier pendant que le système immunitaire les tue. Certaines fièvres, en particulier les basses fièvres, qui ne sont que légèrement différentes de la température corporelle moyenne, peuvent ne pas produire autant de frissons ou de sensations froides que les fièvres plus élevées. Si les frissons deviennent trop forts, de nombreux médicaments sont disponibles pour prévenir la fièvre et ramener la température corporelle à la normale.

38. Avoir des pellicules

De nombreuses émissions de télévision plaisantent sur les personnes souffrant de pellicules, une condition qui provoque la formation de flocons blancs et de démangeaisons sur le cuir chevelu. Cependant, très peu de gens connaissent la cause de cette condition. La plupart des gens supposent que les pellicules sont simplement causées par la peau sèche, mais cette hypothèse est incorrecte. En réalité, il existe plusieurs causes de la condition. L'une des causes est la dermatite séborrhéique, qui provoque une accumulation grasse et une peau irritée. D'autres conditions qui peuvent également causer des pellicules sont l'eczéma, les teignes et la dermatite de contact. Enfin, l'une des causes les plus courantes de pellicules est un champignon similaire à une levure appelé malassezia. Chez les personnes dont le système immunitaire est hyperactif, le corps peut attaquer ce champignon et provoquer une irritation accrue du cuir chevelu. Les pellicules sont généralement traitées avec des shampooings médicamenteux spéciaux. Cependant, si une condition sous-jacente - telle que la teigne - en est la cause, la condition peut également nécessiter un traitement spécialisé. Sinon, les pellicules reviendront probablement.

39. Utiliser des Dalmatiens comme mascottes de casernes de pompiers

Aujourd'hui, de nombreuses casernes de pompiers et services d'incendie utilisent les dalmatiens comme mascottes. Bien que cela soit principalement symbolique à l'heure actuelle, dans le passé, cette race de chien athlétique a joué un rôle plus important dans le sauvetage des incendies. Avant d'avoir des camions de pompiers modernes, il y avait des charrettes qui devaient être tirées par des chevaux, équipées avec le matériel de sauvetage sur le dessus. Afin d'avoir un chemin clair et sûr, les chiens couraient devant les chevaux afin de créer le chemin nécessaire. Les dalmatiens s'entendent bien avec les chevaux, contrairement à beaucoup d'autres races de chien qui sont facilement effrayées par les gros animaux ou qui ont tendance à se mettre en travers de leur chemin. Ainsi, ces chiens étaient généralement le premier choix lorsque les services d'incendie choisissaient des chiens pour rejoindre leur équipe. Maintenant, le dalmatien agit principalement comme une mascotte, avec de nombreux départements ayant des logos avec cette race de chien.

Parfois, les départements modernes gardent même un dalmatien vivant comme animal de compagnie dans la caserne de pompiers. Cependant, ils ne travaillent pas pour le ministère comme ils le faisaient dans le passé.

40. S'étouffer avec notre propre salive

Tout le monde a eu des expériences où ils se retrouvent étouffés avec leur propre salive. Beaucoup de gens se demandent pourquoi cela arrive aux humains étant donné que cela ne semble pas arriver à d'autres espèces animales. La partie du système respiratoire qui permet la respiration et la partie du système digestif qui permet la déglutition sont situées l'une à côté de l'autre dans le corps humain. Les humains ont une partie spéciale du corps qui est censée empêcher la nourriture d'entrer dans les voies respiratoires et est censée lui permettre d'entrer dans le tube digestif. Cette partie du corps est appelée l'épiglotte. Malheureusement, cette partie du corps repose sur le fait que les humains doivent avaler et respirer correctement et aux bons moments. Le fait de ne pas respirer ou d'avaler au bon moment peut amener à avaler de la nourriture ou à avaler de l'air. Quand on avale de la nourriture, on s'étouffe. Parfois, quand on avale sa salive, quelque chose de similaire se produit et cela nous fait étouffer sur notre propre crachat.

Le saviez-vous ?

- Le cerveau humain génère environ 70 000 pensées par jour.
- L'ADN humain est identique à 99,9 % chez tous les individus.
- Le cœur humain pompe environ 2 000 gallons de sang par jour.
- L'homme est la seule espèce capable de rougir.
- Le cerveau peut traiter des informations à une vitesse de 394 pieds (120 mètres) par seconde.
- L'homme est le seul animal connu pour faire preuve d'empathie.
- L'être humain a la capacité de goûter cinq saveurs primaires : le sucré, le salé, l'acide, l'amer et l'umami.

41. Avoir des brûlures d'estomac

Les brûlures d'estomac sont causées par la régurgitation des aliments et de l'acide gastrique dans l'œsophage, qui est le tube qui relie la bouche à l'estomac. La principale cause de reflux acide est due à une bande de tissu qui fonctionne mal au bas de l'œsophage. Cette bande de tissu est connue sous le nom de sphincter inférieur de l'œsophage et son travail consiste à empêcher l'acide gastrique dans les aliments de remonter dans votre œsophage après être descendu vers l'estomac. Ce sphincter est censé se détendre uniquement lorsque l'on tente d'avaler de la nourriture ou de l'eau. Certaines conditions peuvent amener le sphincter à se détendre à des moments inappropriés, ce qui entraîne un reflux. Il y a plusieurs raisons pour lesquelles cela peut se produire, y compris une production excessive d'acide gastrique, divers troubles gastro-intestinaux et des repas riches en graisses et acides. Tout le monde a parfois des brûlures d'estomac, mais si cela se produit trop souvent, cela peut être un signe de reflux gastro-œsophagien pathologique (RGOP). Les brûlures d'estomac sont généralement traitées avec des antiacides et des inhibiteurs de la pompe à protons.

Les changements de mode de vie, tels que manger de plus petits repas et éviter les sodas, peuvent également aider.

42. Cuisiner nos aliments

Il y a plusieurs raisons pour lesquelles les humains cuisinent leur nourriture même lorsque d'autres animaux ne le font pas. Tout d'abord, cela rend la nourriture plus sûre à manger. Les bactéries et les virus, tels que E. coli, se trouvent souvent dans les viandes non cuites. La cuisson de la viande avant de la manger aide à éliminer ces agents pathogènes nocifs et à s'assurer que les aliments sont sûrs pour être consommés. Si l'on ne cuit pas sa nourriture, on risque de développer une intoxication alimentaire. De plus, la cuisson facilite la digestion. Une grande partie de la nourriture est partiellement décomposée lorsqu'elle est cuite, ce qui la rend plus facile à digérer et lui donne plus de calories que si elle était laissée crue. Cela nous permet d'obtenir plus d'énergie de la nourriture que nous mangeons. De plus, la cuisson des aliments aide à décomposer beaucoup de nutriments dont nous avons besoin pour fonctionner. Cela facilite l'absorption de ces nutriments par notre corps. Enfin, la cuisson des aliments ajoute de la saveur au plat. Beaucoup d'aliments crus manquent de goût et sont désagréables à manger en raison de leur texture. La cuisson de ces aliments leur donne meilleur goût et facilite considérablement leur consommation.

43. Tondre nos pelouses

Récemment, de nombreuses personnes ont cessé de tondre leur pelouse afin de créer un meilleur environnement pour les pollinisateurs et la faune. Beaucoup de gens se demandent pourquoi les humains ont commencé à tondre leurs pelouses en premier lieu. Les gens ont commencé à tondre la pelouse afin d'assurer la visibilité de leur propriété. Lorsque l'herbe était fraîchement coupée, cela donnait aux gens une vue d'ensemble de leur propriété afin qu'ils puissent voir, à distance, les personnes et les animaux qui s'y trouvaient. On pense que cette pratique a commencé en Angleterre. A l'époque, il n'était pas nécessaire de tondre sa propre pelouse avec une tondeuse à gazon. Au lieu de cela, les moutons et les vaches étaient autorisés à brouter, ce qui maintenait l'herbe au sol et généralement à la même hauteur. Après des années de broutage, les pelouses tondues sont devenues le paysage attendu. Ainsi, les gens ont continué à entretenir leur pelouse par des moyens artificiels. Dans une certaine mesure, c'est encore à des fins de visibilité. Il est facile de voir s'il y a des serpents ou d'autres animaux sauvages dangereux dans votre chemin si l'herbe est coupée. Cependant, dans l'ensemble, c'est principalement à des fins esthétiques.

44. Porter des chaussettes

Les humains portent des chaussettes pour diverses raisons. L'une des principales raisons pour lesquelles nous portons des chaussettes est de garder nos pieds au chaud. Les engelures sont plus fréquentes aux extrémités telles que les orteils. Le port de chaussettes peut aider à prévenir les engelures et, dans des conditions moins sévères, il prévient la sensation inconfortable des pieds froids. Cependant, le froid n'est pas la seule chose dont les chaussettes nous protègent. Les chaussettes protègent également nos pieds de l'humidité. En absorbant l'humidité, les chaussettes réduisent la probabilité que nous développions des maladies liées aux champignons telles que la mycose du pied. De plus, les chaussettes empêchent également nos pieds de frotter à l'intérieur de nos chaussures et de provoquer des ampoules. Et, les chaussettes constituent une barrière entre nos pieds et le monde extérieur, en éloignant les mauvaises odeurs du nez de ceux qui nous entourent. Certaines chaussettes sont faites pour effectuer des tâches spéciales. Les chaussettes de compression sont destinées à aider votre sang à mieux circuler dans nos jambes. Ces chaussettes aident souvent les personnes qui sont des athlètes ou qui ont des emplois qui les obligent à rester debout pendant de longues périodes de temps. En outre, les personnes ayant des problèmes de circulation peuvent également bénéficier du port de chaussettes de compression.

45. Couper nos cheveux

Actuellement, les humains coupent principalement leurs cheveux pour des raisons esthétiques. Les gens choisissent leurs coiffures en fonction de leurs préférences personnelles et de leur apparence. Cependant, ce n'est probablement pas la raison pour laquelle les gens ont commencé à se couper les cheveux. Le but de couper ses cheveux provient de l'utilité et de la sécurité. Les premiers humains ont commencé à se couper les cheveux afin de s'assurer qu'ils ne pourraient pas être utilisés contre eux au combat et qu'ils n'interféreraient pas avec les tâches quotidiennes. Les cheveux longs pourraient facilement être attrapés pendant les combats et ils pourraient facilement être pris dans des parties mobiles de divers objets. Couper les cheveux longs garantissait donc que ces événements ne se produisent pas. De plus, avoir les cheveux longs rend plus difficile la régulation de la température corporelle dans les climats chauds. Les premiers humains se coupaient probablement les cheveux afin de rester au frais pendant les mois chauds de l'été. Maintenant, les gens se coupent principalement les cheveux pour leur apparence. Certaines personnes se coupent les cheveux parce que l'élimination des cheveux abîmés facilite le maintien des cheveux beaux et sains. En outre, les hommes gardent souvent leurs cheveux coupés courts parce que c'est désormais la norme sociale de le faire et parce qu'il est généralement mal vu que les hommes aient les cheveux longs dans de nombreuses cultures.

46. Fêter le 1er avril

Le jour du poisson d'avril est un jour rempli de plaisir farfelu et de nombreuses farces. Partout, les enfants adorent faire des blagues à leurs amis et à leur famille. Cependant, très peu de gens savent comment cette tradition est née. Le poisson d'avril a commencé en 1582, lorsque la France a commencé à suivre le calendrier grégorien. Pendant de nombreuses années, le pays avait suivi le calendrier julien. En suivant le calendrier julien, le début de l'année commençait à l'équinoxe de printemps, qui était le 1er avril. Cependant, le calendrier grégorien commençait le 1er janvier. Ceux qui suivaient le calendrier grégorien ont commencé à se moquer de ceux qui suivaient encore le calendrier julien. Ils se moquaient d'eux pour avoir célébré le début de l'année en avril, et ont commencé à les appeler « poissons d'avril. » Ils faisaient des farces à ces individus afin de se moquer d'eux. La tradition a commencé à faire son chemin dans toute l'Europe et finalement dans le reste du monde. Maintenant, de nombreux pays fêtent le 1er avril comme une journée de farces et de plaisir.

47. Toucher du bois

Chaque jour, les gens font des commentaires et disent ensuite « toucher du bois » ou ils touchent du bois littéralement après. L'origine de cette pratique, cependant, est relativement inconnue des gens. Cette pratique a commencé bien avant l'époque moderne. Dans le monde antique, la plupart des individus étaient païens. Il était courant pour les religions païennes de croire que les esprits vivaient dans divers objets inanimés. Presque toutes les religions païennes du passé croyaient aux esprits des arbres. Ainsi, lorsque les gens voulaient avoir de la chance ou craignaient d'avoir de la malchance, ils touchaient du bois pour tenter d'attirer l'attention de l'esprit dans le bois. Ils croyaient qu'en faisant cela, l'esprit les bénirait ou les protégerait de la malchance. Dans le passé, cela se faisait presque toujours directement sur un arbre. Maintenant, cependant, les individus vont toucher tout ce qui est fait de bois. Parfois, lorsque le bois ne peut pas être trouvé, les gens disent simplement « toucher du bois » au lieu de le faire.

48. Bâiller

Bâiller est quelque chose que les humains font à chaque fois qu'ils sont fatigués. Cependant, vous êtes-vous déjà demandé exactement comment le bâillement est censé aider la situation ? Il existe de nombreuses théories sur les raisons pour lesquelles nous bâillons. La première théorie, et la plus simple, est que l'action soudaine est destinée à nous garder éveillés et alertes. Ceux qui croient à cette théorie affirment que le bâillement agit comme un système d'alarme interne qui vous empêche de vous endormir. Les opposants à cette théorie, cependant, affirment que ce n'est pas vrai car bâiller ne vous fait pas vraiment sentir plus éveillé. Récemment, certains scientifiques ont développé une théorie selon laquelle le bâillement nous aide à obtenir plus d'oxygène dans notre cerveau. Cela est censé nous rendre moins fatigués. Cela signifie également que parfois les gens peuvent bâiller quand ils ne sont pas fatigués mais quand ils manquent d'oxygène. D'autres scientifiques ont une théorie similaire. Cependant, au lieu de croire que cela nous aide à acheminer de l'oxygène à notre cerveau, ils croient plutôt que cela est destiné à refroidir notre cerveau. Cela est également censé nous aider à nous sentir plus éveillé. Les scientifiques sont d'accord sur une chose à propos du bâillement : il est contagieux. Les gens sont plus susceptibles de bâiller après que quelqu'un d'autre bâille. Ainsi, certains bâillements sont de nature sociale et n'ont pas de but corporel.

49. Cligner

Les humains clignent des yeux pour de multiples raisons. La première raison pour laquelle les humains clignent des yeux est d'éliminer les matières étrangères de l'œil. La poussière, le pollen et d'autres irritants pénètrent souvent dans les yeux tout au long de notre vie quotidienne. Cligner des yeux aide à éliminer ces irritants avant qu'ils ne puissent endommager nos yeux. De plus, cligner des yeux nous aide à lubrifier nos yeux. Pour que nos yeux fonctionnent correctement, ils doivent être humides en permanence. Cette humidité aide la lumière à rebondir sur nos yeux, ce qui permet une vision claire. Si nos yeux deviennent secs, notre vision en souffre. Lorsque nous clignons, quelque chose appelé un film lacrymal est relâché. Il s'agit d'un revêtement spécial composé de mucus, d'huile et d'eau destiné à garder l'œil lisse. Ce revêtement agit également comme un transporteur, aidant l'oxygène et les enzymes spéciales à atteindre l'œil. L'oxygène maintient l'œil en vie et lui permet de fonctionner correctement. Les enzymes aident à combattre les bactéries qui pourraient endommager l'œil. En fin de compte, cligner des yeux est vital pour la santé oculaire.

50. Éternuer

Les éternuements sont un réflexe incontrôlable que les humains ont développé au fil du temps. Les éternuements se produisent lorsque les voies nasales deviennent irritées. Pour tenter de faire face à cette irritation, le corps force le nez à expirer de l'air rapidement, ce qui entraîne un éternuement. C'est la tentative du corps d'empêcher les envahisseurs nuisibles de se frayer un chemin plus profondément dans les voies respiratoires. Les éternuements sont censés empêcher d'inspirer des virus, des bactéries, des champignons, des allergènes et d'autres corps étrangers. Le processus commence lorsque les muqueuses nasales ressentent un corps étranger touchant les voies nasales. Cela active le nerf trijumeau, qui active le bulbe rachidien (une partie du cerveau). Cette partie du cerveau active le système nerveux et lui dit d'augmenter la production de larmes et de mucus. Les cordes vocales se ferment et la pression monte dans la poitrine à partir d'une inspiration rapide d'air. Cet air est expulsé vers l'extérieur dans un petit jet par la gorge et le nez. C'est cet air qui crée un éternuement.

51. Péter

Péter est une partie grossière mais attendue de la vie. Lorsque nous mangeons, nous avons tendance à avaler de l'air. De plus, certains des aliments que nous mangeons produisent des gaz lorsque nous les digérons. Ces deux facteurs nous amènent à développer des poches de gaz ou d'air qui sont coincées dans notre système digestif. Cet air ne pouvant pas être absorbé, on est obligé de le faire passer par notre système digestif d'une manière ou d'une autre. Lorsque la poche d'air est plus proche du début de notre système digestif et commence à voyager vers le haut, cela nous fait roter. Souvent, nous pouvons sentir l'air s'accumuler dans le haut de notre estomac et de notre œsophage avant qu'il ne sorte de votre bouche. Lorsque l'air est plus proche de la sortie de notre système digestif et commence à se déplacer vers le bas, il en résulte généralement des flatulences. Cela conduit à une sensation de pression dans le gros intestin et le côlon. Lorsque l'air est expulsé, il peut faire un bruit que nous appelons communément un « pet. »

52. Avoir des cheveux gris

La majorité des gens naissent avec l'une des couleurs de cheveux suivantes : noir, brun, blond ou roux. En vieillissant, nos cheveux peuvent lentement commencer à devenir gris. Bien que la teinture de nos cheveux puisse être un remède temporaire, cela ne résout pas le problème. Certaines personnes âgées commencent même à développer des cheveux blancs après que leurs cheveux ont fini de devenir gris. Pourquoi cela se produit-il ? En vieillissant, les cellules de nos cheveux perdent leur capacité à produire de la mélanine. La mélanine est un pigment qui donne de la couleur aux cheveux. Au fur et à mesure que les cellules de vos cheveux se reproduisent, les cellules souches qui créent le pigment perdent lentement la capacité de se régénérer à mesure que vous vieillissez. Cela mène à des cheveux qui commencent à grisonner à mesure que ces cellules meurent et que moins de mélanine est produite. La plupart des gens commencent avec un ou deux cheveux gris et commencent lentement à grisonner de plus en plus à mesure qu'ils vieillissent. Plus on vieillit, moins on produit de mélanine. Si une personne vieillit, elle peut produire si peu de mélanine que ses cheveux deviennent blancs au lieu de gris.

53. Avoir des rides

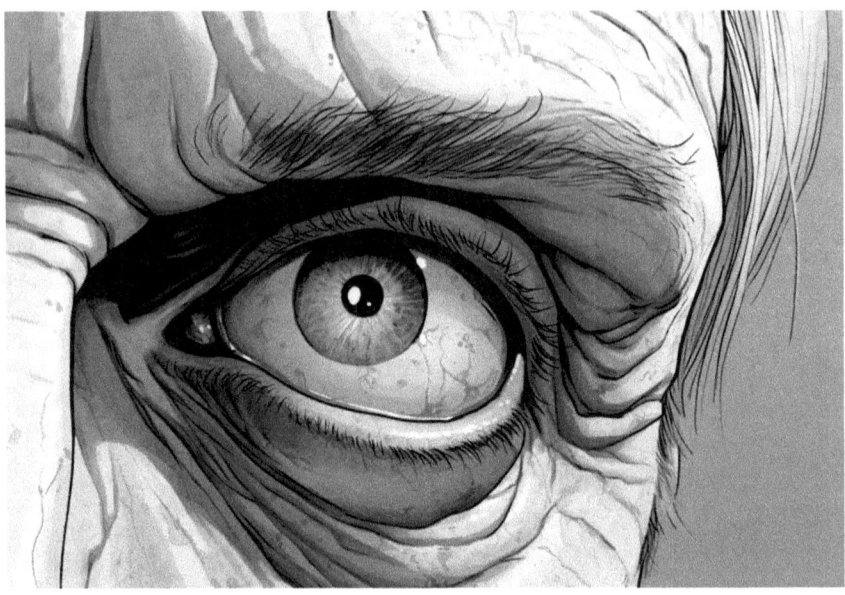

En vieillissant, nous commençons naturellement à produire des rides. Cela est dû au fait que la peau devient moins élastique à mesure que nous vieillissons. Ceci est lié à quelque chose appelé « collagène, » qui se trouve dans la couche moyenne de la peau appelée derme. En vieillissant, notre corps produit moins de collagène, ce qui fait que notre peau ne conserve plus la forme qu'elle avait durant notre jeunesse. En outre, la graisse stockée dans les couches profondes de la peau est également altérée par l'âge et contribue parfois au développement des rides en dehors du manque de collagène produit. Bien que le développement des rides soit naturel, certains comportements peuvent aggraver ou rendre les rides plus visibles. Une exposition régulière à la lumière ultraviolette quand on est jeune peut entraîner plus de rides chez les personnes âgées. De même, fumer et utiliser des produits du tabac quand on est jeune peut aggraver les rides quand on est plus âgé. En fin de compte, c'est parce que ces facteurs ont un impact sur la production de collagène qu'ils rendent les rides plus susceptibles de se développer. En général, cependant, la quantité de rides que l'on développe dépend beaucoup de facteurs génétiques et moins de ce qu'on fait dans la vie quotidienne.

54. Hoquet

Le hoquet est un mouvement commun mais ennuyeux que notre corps fait involontairement. Le hoquet vient souvent en série et se poursuit pendant une longue période de temps. Pendant très longtemps, les scientifiques ne savaient pas pourquoi les humains avaient le hoquet. En fin de compte, il a été déterminé que la principale raison pour laquelle nous avons le hoquet est parce que quelque chose irrite notre diaphragme. Le diaphragme est un muscle de l'estomac qui aide à maintenir nos organes en place et aide à séparer la poitrine de la zone du ventre. Il joue également un rôle essentiel dans le processus de respiration. Chaque fois que ce muscle est dérangé, il spasme dans une tentative de se débarrasser de l'irritation. Des facteurs internes, tels que la présence d'air dans l'estomac, peuvent entraîner des spasmes de votre diaphragme. Des facteurs externes, tels que quelque chose touchant la zone à l'extérieur du diaphragme, peuvent parfois également causer des spasmes. Lorsque le diaphragme est irrité, les nerfs situés dans cette zone forcent le muscle à se contracter et expulsent agressivement l'air de votre système respiratoire, entraînant un hoquet.

55. Transpiration

Tout le monde a eu l'expérience de transpirer par une chaude journée d'été. Lorsque vous transpirez, vos cheveux et votre peau deviennent humides. Peut-être vous êtes-vous demandé quel avantage cela a. La transpiration est un processus que le corps utilise pour se refroidir. Lorsque le corps sent qu'il commence à surchauffer, il informe une partie du cerveau appelée « hypothalamus. » Cette partie du cerveau force les glandes sudoripares à libérer la sueur, ce qui rend la surface de la peau humide. Lorsque cette humidité s'évapore, elle a un effet rafraîchissant sur la peau car la chaleur - qui est utilisée comme énergie pendant le processus - entraîne une baisse de la température corporelle. Malheureusement, ce processus amène également à utiliser plus d'eau dans le corps étant donné que c'est le principal composant de la sueur. Si on transpire trop sans reconstituer l'eau qu'on a perdu, cela peut amener à se déshydrater.

56. Avoir des maux de tête

Les humains ont des maux de tête pour diverses raisons. Le type de mal de tête le plus courant, appelé céphalée de tension, résulte généralement d'un surmenage des muscles du cou, du haut du dos ou de la tête. Un autre type courant de maux de tête, appelé céphalée sinusale, est causé lorsque vos sinus sont obstrués par du mucus en raison d'allergies ou de maladies. Il en résulte une pression accrue contre les terminaisons nerveuses de votre tête, ce qui vous amène à ressentir de la douleur autour de vos cavités sinusales. Les migraines, qui se manifestent par une douleur intense d'un ou des deux côtés de la tête, n'ont pas de cause connue. Les scientifiques pensent qu'elles peuvent être causées par des vaisseaux sanguins dans le cerveau qui se rétrécissent de manière inattendue. Les personnes qui souffrent de migraines ont souvent des déclencheurs qui provoquent l'apparition des maux de tête. Certains déclencheurs courants de la migraine sont le stress, la caféine et le manque de sommeil. Un type de mal de tête appelé céphalée en grappe est lié à la libération d'histamine et à un impact sur le nerf trijumeau (facial). Ce mal de tête provoque une douleur intense et on dit qu'il est encore plus douloureux qu'une migraine.

57. Rougir

La plupart des gens vivent un moment ou deux dans leur vie où ils sont gênés et se retrouvent à rougir. Cependant, très peu de gens savent pourquoi cela se produit. Le rougissement peut être causé par une émotion forte, mais il est généralement causé par des émotions négatives telles que la colère, l'embarras, la tristesse ou la peur. Le rougissement est causé par des petits vaisseaux sanguins dans le visage, appelés capillaires, qui s'élargissent soudainement et augmentent le flux sanguin. Cela se produit lorsque le système nerveux est activé en raison d'une forte émotion ou d'une menace perçue. Le cerveau fait signe aux vaisseaux sanguins du corps de se dilater, ce qui entraîne une augmentation du flux sanguin. Le visage ayant beaucoup plus de capillaires que les autres parties du corps, cela mène à un effet de rougeur notable qui ne se produit que dans cette partie spécifique du corps. Les joues, en particulier, ont tendance à rougir plus que les autres parties du visage. Ironiquement, les humains tentent souvent d'imiter cette fonction corporelle via l'utilisation de maquillage. Cela pourrait être dû au fait que les humains rougissent parfois en raison de leur intérêt romantique, ce qui le rend attrayant à d'autres humains.

58. Porter du maquillage

Les humains des temps modernes se maquillent afin de se montrer d'une manière qui correspond à leur style et leur esthétique. Cependant, ce n'était pas toujours ce pour quoi le maquillage était utilisé et ce n'est pas la seule façon dont il est utilisé actuellement. Les premiers Égyptiens portaient souvent du maquillage pour tenter de protéger leur visage de la chaleur du soleil. Une partie du maquillage porté dans cette culture avait également des propriétés antibactériennes et aidait à prévenir les maladies. D'autres cultures ont commencé à adopter le maquillage principalement à des fins cosmétiques, mais certaines l'ont également utilisé pour aider à protéger leur peau du soleil. Le maquillage a également été utilisé au théâtre. Il aide à absorber une partie de l'éclairage afin que les acteurs ne soient pas aveuglés ou délavés par les lumières de la scène. Souvent, un maquillage simple est utilisé pour cacher les imperfections, les bleus et les cicatrices qui peuvent faire qu'une personne ne se sente pas en confiance. Dans l'ensemble, le maquillage a eu quelques utilisations différentes au cours de l'histoire.

59. Avoir besoin de boire de l'eau

Les humains ont besoin de boire de l'eau pour diverses raisons. Tout d'abord, l'eau est utilisée par le corps pour produire du mucus et pour cracher. Le mucus est vital et protège notre corps des envahisseurs étrangers. La salive est un facteur important qui facilite la digestion. Deuxièmement, l'eau est utilisée pour fabriquer du sang ; c'est la façon dont le corps transporte l'oxygène. Troisièmement, l'eau amortit et lubrifie les articulations de notre corps, rendant le mouvement possible. Il amortit également la colonne vertébrale et le cerveau, les protégeant du danger. L'eau nous aide également à réguler notre température corporelle via la sueur. En outre, elle maintient le bon fonctionnement des reins et aide à prévenir la constipation. Elle est également nécessaire pour dissoudre et absorber les nutriments, ainsi que de fluidifier le sang pour lui donner la bonne consistance pour être pompé en douceur à travers le système circulatoire. Croyez-le ou non, ceux-ci ne sont que les moyens les plus élémentaires par lesquels l'eau aide notre corps à fonctionner. Il y a des façons infinies et plus complexes dont l'eau nous aide tous les jours !

60. Devenir amnésique

L'amnésie, ou l'incapacité de se souvenir ou de créer des souvenirs, peut être causée par des problèmes physiques et psychologiques. Les accidents vasculaires cérébraux, ou un manque de flux sanguin vers le cerveau causant une lésion cérébrale, peuvent provoquer une amnésie. L'inflammation du cerveau, le manque d'oxygène au cerveau, l'abus d'alcool, les tumeurs cérébrales, les convulsions et la démence peuvent également causer l'amnésie. Cela est dû au fait que ces éléments endommagent souvent l'hippocampe, qui est la partie du cerveau qui gère les souvenirs. Les personnes qui endommagent cette partie de leur cerveau peuvent avoir de la difficulté à se souvenir de vieilles informations ou de nouvelles informations. Les traumatismes psychologiques peuvent également provoquer une amnésie due au fait que le cerveau n'est pas capable de gérer les souvenirs d'événements traumatisants. Cela peut amener les gens à oublier temporairement l'événement traumatique, à oublier certains éléments clés, à oublier de longues périodes de temps qui ont entouré l'événement traumatique ou à oublier qui ils sont, dans un rare type d'amnésie appelé état de fugue dissociative.

Le saviez-vous ?

- L'œil humain peut distinguer entre 2,3 et 7,5 millions de couleurs différentes.
- En moyenne, les humains passent environ vingt-cinq ans de leur vie à dormir.
- Les êtres humains sont des nageurs naturels ; les nourrissons peuvent instinctivement retenir leur souffle sous l'eau.
- Le squelette humain est composé de 206 os.
- Chaque année, les humains produisent suffisamment de salive pour remplir deux piscines.
- Le muscle le plus puissant du corps humain est le masséter (mâchoire).
- Une personne moyenne passe environ six mois de sa vie à attendre que les feux rouges passent au vert.

61. Dormir

Eh bien, les scientifiques ne savent pas trop pourquoi nous dormons, mais ils ont des théories plausibles. Une théorie est que le sommeil est un état dans lequel nous entrons afin de conserver de l'énergie pour la journée. Cette théorie affirme que la nuit est relativement dangereuse par rapport à la journée. Les anciens humains étaient incapables de chasser, de travailler et de jouer en toute sécurité une fois que le soleil était couché. Pour conserver de l'énergie afin que les humains puissent faire toutes ces activités pendant la journée, nous sommes entrés dans un état de sommeil pendant la nuit. Une autre théorie est que le sommeil est nécessaire pour que le corps guérisse et pour que le cerveau se nettoie de toxines. La dernière théorie est similaire. Les scientifiques pensent que pendant le sommeil, les voies qui relient nos expériences éveillées à nos souvenirs se renforcent. Ils croient également que la source d'énergie du cerveau se reconstitue pendant que nous dormons. C'est pourquoi on se sent épuisé et on lutte avec la mémoire lorsqu'on manque de sommeil. En fin de compte, ce ne sont encore que des théories, mais la science du sommeil est un domaine d'étude qui évolue rapidement.

62. Rêver

Les rêves ont amusé et déconcerté l'humanité depuis le début de notre espèce. À l'origine, les gens croyaient que les rêves étaient d'origine spirituelle. Beaucoup les voyaient comme des voyages dans le royaume des esprits ou une chance pour les esprits de communiquer avec nous. Finalement, les humains ont compris qu'il devait y avoir une raison scientifique pour laquelle nous rêvons, mais les scientifiques n'avaient aucune théorie jusqu'à récemment. On pense que les rêves sont la façon dont notre cerveau traite les informations de notre vie quotidienne. Pendant que nous dormons, notre cerveau traite les souvenirs et les pensées de nos vies éveillées. Cela nous amène à les rappeler à travers les rêves. Certains rêves peuvent être directement corrélés à des événements récents. D'autres peuvent être plus vaguement liés. De plus, les rêves nous servent parfois à pratiquer certaines interactions que nous craignons ou auxquelles nous devons participer régulièrement. C'est une façon de répéter ces actions sans avoir à les faire pendant que nous sommes éveillés. En fin de compte, les rêves existent pour nous être bénéfiques dans notre vie éveillée.

63. Attraper des coups de soleil

Les coups de soleil sont une partie désagréable de l'été. Avec une peau chaude et rouge, et une démangeaison douloureuse qui ne peut pas être grattée, personne n'aime attraper un coup de soleil. Les humains attrapent des coups de soleil en raison de l'exposition à quelque chose appelé « lumière ultraviolette », qui est produite par le soleil. Cette lumière est bonne pour nous en petites quantités, mais trop de celle-ci provoque une mauvaise réaction dans le corps. Le système immunitaire est activé chaque fois que le corps reçoit trop de soleil. C'est parce que ce type de lumière endommage notre ADN, ce qui peut causer des problèmes tels que le cancer s'il reste dans le corps. Cela provoque la peau rouge, les démangeaisons et les cloques que nous détestons tous. C'est ainsi que notre corps se débarrasse des cellules endommagées. Ceci est aggravé par le sang qui se précipite dans la région pour aider au processus de guérison, ce qui provoque une inflammation supplémentaire. La plupart des coups de soleil guérissent en quelques jours, et pèlent pour révéler une peau fraîche.

64. Avoir des bleus

La plupart des gens qui se sont cognés aux coins ou sont tombés et se réveillent le lendemain avec un gros bleu douloureux sur leur corps. Les bleus sont le résultat de blessures à la peau et aux tissus directement en dessous. Lorsque nous nous cognons ou que nous sommes frappés par quelque chose de dur, de petits capillaires de notre peau éclatent sous la pression du coup. Cela cause l'écoulement du sang sous notre peau. N'ayant nulle part où aller, ce sang s'accumule sous notre peau, provoquant la formation de grosses ecchymoses rouges. Bientôt, le sang commence à perdre de l'oxygène et commence à devenir violet ou bleu. Au fil du temps, notre corps décompose ce sang qui reste sous notre peau. Plus précisément, le corps décompose l'hémoglobine dans le sang et la transforme en substances jaune-vert appelées bilirubine et biliverdine, entraînant un jaunissement du bleu. Enfin, le bleu deviendra brun, puis disparaîtra complètement à mesure que le corps le décompose et absorbe le sang.

65. Aimer les animaux mignons

Presque tous les humains ont tendance à trouver certains types d'animaux mignons. La plupart des gens trouvent les chiots et les chatons adorables, ainsi que d'autres animaux plus âgés. Pourquoi les humains trouvent-ils ces animaux mignons et pourquoi aimons-nous tant les animaux mignons ? Les scientifiques pensent que c'est parce que les animaux ont évolué pour être mignons. Les humains étaient plus susceptibles de tuer des créatures qui ont l'air grossières ou laides et ils étaient également plus susceptibles d'aider les animaux mignons qui se trouvaient en danger. Les scientifiques pensent que la raison pour laquelle nous aimons tant les animaux mignons est qu'ils nous rappellent des bébés humains. Souvent, les caractéristiques des animaux mignons s'alignent sur les caractéristiques des bébés humains, comme avoir de grands yeux sur une petite tête. Une autre raison pour laquelle nous pouvons trouver un animal mignon est le type d'interactions que nous avons avec lui. Même si un animal n'est pas physiquement mignon, nous pouvons toujours trouver ses actions mignonnes s'il fait preuve d'intelligence. C'est parce que les humains sont des créatures sociales qui ont tendance à se lier à d'autres êtres ayant des comportements similaires. Dans l'ensemble, cela nous a amenés à préférer les animaux qui nous ressemblent en apparence ou en comportement.

66. Avoir de l'acné

Personne n'aime les bosses disgracieuses et les pustules sur le visage. Malheureusement pour nous, c'est une partie normale de l'être humain. L'acné se crée lorsque nos huiles naturelles - appelées sébum - obstruent nos pores et nos follicules pileux. Normalement, le sébum aide à garder notre peau hydratée et humide mais lorsqu'on produit trop de sébum ou lorsqu'on le laisse s'accumuler, il peut commencer à obstruer nos pores. Il en résulte de l'acné. Si un pore n'est que partiellement bouché, il en résultera souvent un bouton à point noir, qui est un mélange de saleté et de sébum. S'il est complètement bouché, le bouton aura une tête blanche étant donné qu'aucune saleté ne peut pénétrer le pore. L'acné est plus fréquente pendant la puberté lorsque l'excès d'hormones peut rendre la peau plus grasse que d'habitude. L'acné diminue généralement à l'âge adulte. Cependant, il disparaît rarement complètement. La plupart des adultes continuent à avoir des boutons occasionnels tout au long de leur vie. Mais parfois, l'acné peut être causée par des conditions plus graves. Les infections cutanées peuvent se manifester par de l'acné dans certaines circonstances et l'acné peut facilement être aggravée en devenant infectée.

67. Avoir des grains de beauté

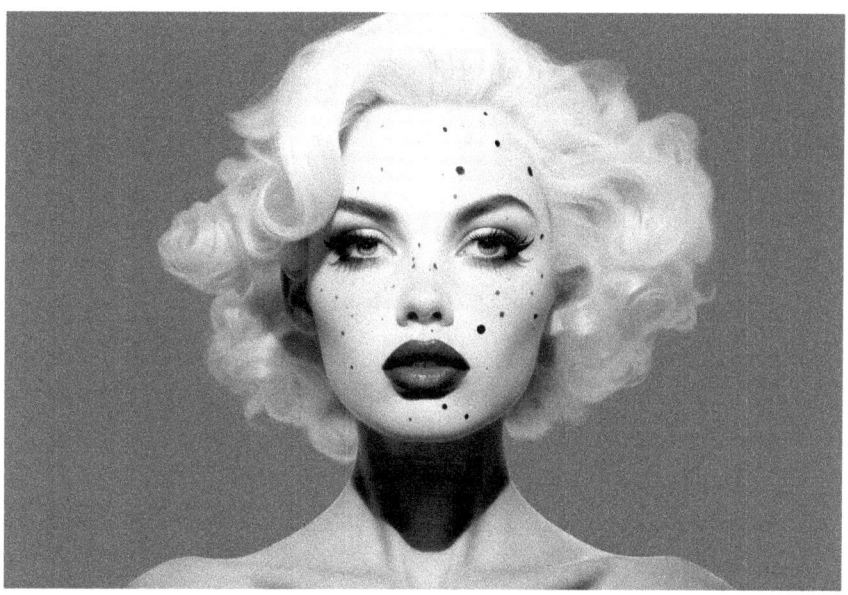

Les grains de beauté sont des excroissances qui apparaissent comme des bosses noires, brunes ou beiges sur la peau. La plupart des grains de beauté sont inoffensifs et sont simplement causés par une quantité excessive de cellules productrices de mélanine – appelées mélanocytes – qui se développent dans une zone particulière de la peau. Cela provoque une quantité excessive de mélanine à produire. La mélanine est ce qui donne la couleur de notre peau. Plus la mélanine est produite, plus notre peau est foncée. Parfois, les grains de beauté peuvent être cancéreux. Ceci est connu sous le nom de mélanome et il est plus fréquent chez ceux qui sont exposés au soleil pendant de longues périodes de temps sans écran solaire. Si un grain de beauté est plus grand qu'une gomme à effacer, a une forme inégale, contient plusieurs couleurs ou change de forme au fil du temps, il est important de le faire examiner par un médecin. Ce sont parfois des symptômes de mélanome car les grains de beauté normaux sont généralement petits, ronds et d'une seule couleur. Cependant, parfois, même les grains de beauté normaux auront des traits étranges, il est donc important de laisser un médecin déterminer si un grain de beauté est sûr ou non.

68. Avoir les yeux rouges lorsqu'on les frotte

C'est extrêmement inconfortable lorsque nos yeux commencent à nous démanger ou à piquer. Ainsi, il est très courant que les gens se frottent les yeux et trouvent soudainement que leurs yeux apparaissent rouge vif. Cela peut être surprenant pour certaines personnes, surtout si c'est la première fois qu'elles le remarquent. Cependant, l'effet s'arrête généralement une fois que les yeux sont reposés pendant une courte période de temps. Pourquoi cela se produit-il ? Les yeux sont remplis de minuscules vaisseaux sanguins. Ces vaisseaux sanguins sont fragiles. Quand on se frotte les yeux, ces vaisseaux sanguins se dilatent. Cela fait que les yeux deviennent rouges. Le sang se dispersera après avoir reposé les yeux pendant une courte période. Cependant, si vous pouvez l'éviter, il n'est généralement pas bon de se frotter les yeux. Se frotter les yeux ne fera qu'augmenter l'irritation et peut potentiellement les démanger davantage. Essayez d'utiliser des gouttes ophtalmiques réduisant les allergies ou de laisser les yeux reposer lorsqu'ils commencent à démanger. Cela peut aider à prévenir les yeux injectés de sang et le début d'un cycle de démangeaisons et de frottements.

69. Puer quand on transpire

Beaucoup de gens sentent les individus qui transpirent et supposent que la sueur elle-même est responsable de la puanteur. Ce n'est en fait que partiellement vrai. La sueur en soi n'a pas beaucoup d'odeur. La sueur est principalement composée d'eau et de sel. Parfois, la sueur contient également de petites quantités de graisse. Aucun de ces composants ne pue. L'odeur ne commence pas jusqu'à ce que la sueur rencontre notre peau. Les humains abritent une multitude de bactéries et lorsque notre sueur entre en contact avec notre peau, elle entre en contact avec de nombreuses formes différentes de bactéries. Cette bactérie utilise la sueur comme source de nourriture, se nourrissant du sel et de la graisse. Cela provoque l'odeur que nous associons à la sueur. Différentes formes de bactéries produisent des odeurs différentes, dont certaines sentent pire que d'autres. Ainsi, les gens sentent différemment quand ils transpirent en fonction du type spécifique de bactéries qu'ils ont sur leur peau. C'est pourquoi certaines personnes sentent pire que d'autres quand elles transpirent.

70. Aller aux toilettes

Tout le monde a ressenti la douleur familière d'une vessie pleine ou les crampes douloureuses d'une défécation qui arrive. Cependant, beaucoup de gens ne savent pas du tout pourquoi nous allons aux toilettes. La réponse est différente que nous parlons d'urine (pipi) ou de matières fécales (caca). Les humains urinent comme un moyen de se débarrasser des déchets filtrés de notre sang. Lorsque nous mangeons et buvons, certaines substances inutiles sont absorbées dans notre circulation sanguine. Nos reins éliminent ces substances de notre sang et les transforment en urine. Cette urine est ensuite stockée dans notre vessie. Une fois que suffisamment d'urine est présente, nous avons envie d'uriner (ou d'aller faire pipi). Cela libère les déchets. Pendant ce temps, nous devons déféquer (ou faire caca) à cause des restes physiques de nourriture qui doivent quitter notre corps. Une fois que nous avons extrait tous les nutriments de ce que nous mangeons, il est envoyé hors de notre corps via le côlon afin de faire de la place pour plus de nourriture. Ces deux processus nous gardent en sécurité et en bonne santé.

71. Pleurer quand on est triste

Pleurer est une réaction courante aux émotions négatives telles que la tristesse. Souvent, ce n'est pas contrôlable et c'est notre réaction naturelle aux situations difficiles. Les comportementalistes croient que nous avons développé ce réflexe en raison de notre nature sociale. Les bébés naissent incapables de parler. Ils pleurent pour montrer qu'ils ont besoin de l'aide des soignants. Les comportementalistes croient que nous n'abandonnons jamais ce réflexe. La preuve de cette théorie se trouve dans les composants des larmes. Lorsqu'elles sont tristes, les larmes produites contiennent plus de protéines, ce qui les fait coller à notre visage et les rend plus visibles aux autres. C'est essentiellement un signal que quelque chose ne va pas et que nous avons besoin d'aide. De plus, pour des raisons inconnues, pleurer libère des endorphines qui sont des produits chimiques qui nous font nous sentir bien. Cela nous amène à nous sentir moins stressés et moins tristes. Cela nous aidera probablement à gérer si personne ne vient à notre aide. C'est pourquoi les gens se sentent souvent mieux et moins tristes une fois qu'ils ont fini de pleurer.

72. Rire

Pendant très longtemps, les scientifiques ont été incapables de déterminer pourquoi les humains rient quand ils trouvent quelque chose de drôle. Récemment, des experts en comportement ont proposé une théorie expliquant pourquoi nous avons développé ce comportement. Les gens rient souvent quand quelque chose est inattendu et amusant. Les scientifiques pensent que cette réaction peut avoir été créée comme moyen de montrer que quelque chose que l'on croyait dangereux à l'origine n'était en réalité pas une menace. Par exemple, une tribu pouvait chasser et croire qu'elle était traquée par un grand lion. Ils envoient un membre de la tribu pour essayer de voir quel animal les traque. Si le membre de la tribu qui va vérifier découvre qu'ils sont en réalité suivis par un flamant rose, ils pourraient rire de la situation inattendue. Ce rire indiquerait au groupe qu'il n'y a pas de menace. Ceci, cependant, n'est encore qu'une théorie. Les scientifiques étudient toujours le comportement à ce jour.

73. Avoir des amygdales

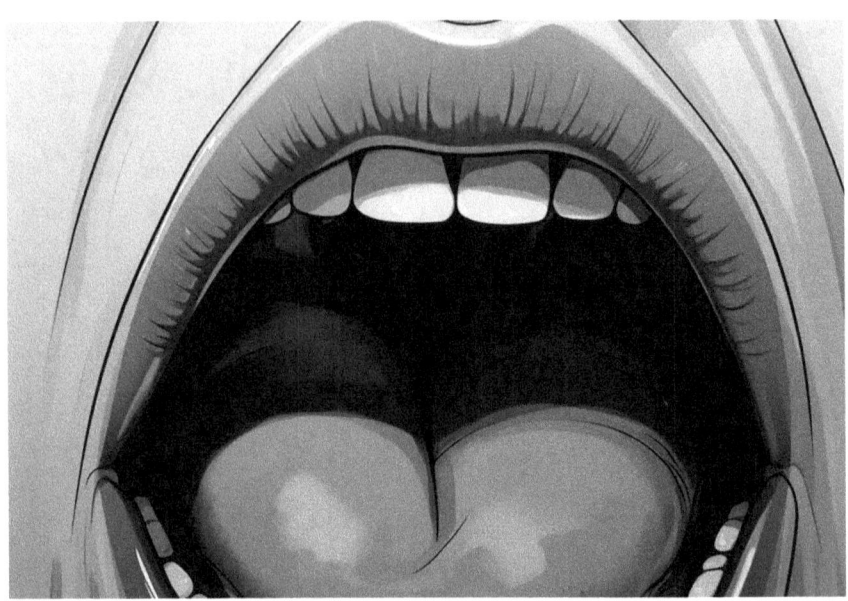

Le seul moment où la plupart des gens entendent parler des amygdales c'est quand elles sont infectées ou doivent être retirées. Les amygdalectomies (ablation des amygdales) sont des opérations très courantes qui amènent à se demander ce que les amygdales sont censées faire pour le corps. Les amygdales se trouvent à l'arrière de la partie supérieure de la gorge et sont généralement visibles lorsque l'on ouvre la bouche et tire la langue. Lorsqu'elles sont infectées, elles peuvent grossir et développer des plaques de pus. Les amygdales font partie du système immunitaire. Elles sont semblables aux ganglions lymphatiques et filtrent les microbes qui pénètrent dans votre gorge afin d'empêcher la maladie de pénétrer plus profondément dans le corps. Elles abritent un grand nombre de globules blancs, qui s'activent lorsque les microbes sont à proximité afin de les détruire. Bien que cela aide à combattre les infections, ce n'est pas une partie du corps nécessaire. Des infections excessives des amygdales peuvent régulièrement provoquer des maladies. Les médecins peuvent recommander que les amygdales soient enlevées pour aider à prévenir ces infections. Une fois les amygdales enlevées, le corps compense leur absence par d'autres moyens. La plupart des gens se retrouvent en meilleure santé après l'ablation d'amygdales infectées.

74. Avoir un appendice

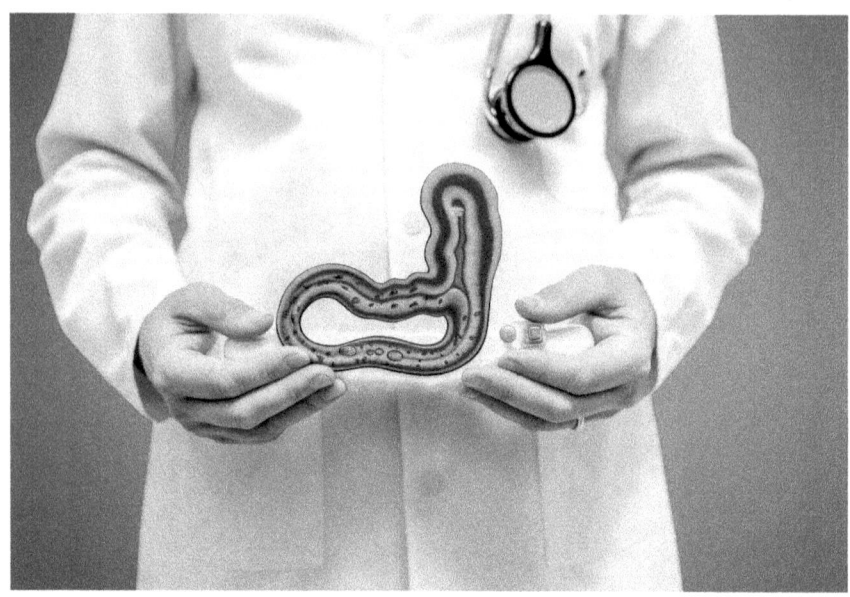

L'appendice est un organe dont on ne parle que lorsqu'on l'enlève. L'appendicite est une condition douloureuse causée par une infection de cet organe. Jusqu'à récemment, de nombreux médecins ne savaient pas pourquoi nous avions cet organe car son but n'est pas évident. En réalité, l'appendice dispose de multiples fonctions, bien que les scientifiques ne les comprennent pas toutes. On croit que l'appendice retient les bactéries saines supplémentaires. Lorsque l'estomac manque de cette bactérie saine, l'appendice peut en libérer pour rétablir l'équilibre du système digestif. De plus, l'appendice semble jouer un rôle dans le système immunitaire. Plus précisément, il est lié aux réponses immunitaires créées par les types de cellules suivants : les lymphocytes T et lymphocytes B. Son rôle dans ces réactions n'est pas entièrement compris mais il a été déterminé que même si l'organe est utile, le corps est capable de fonctionner sans lui, si nécessaire. Ainsi, dans certains cas, il est préférable de retirer l'organe infecté.

75. Avoir besoin de vitamines

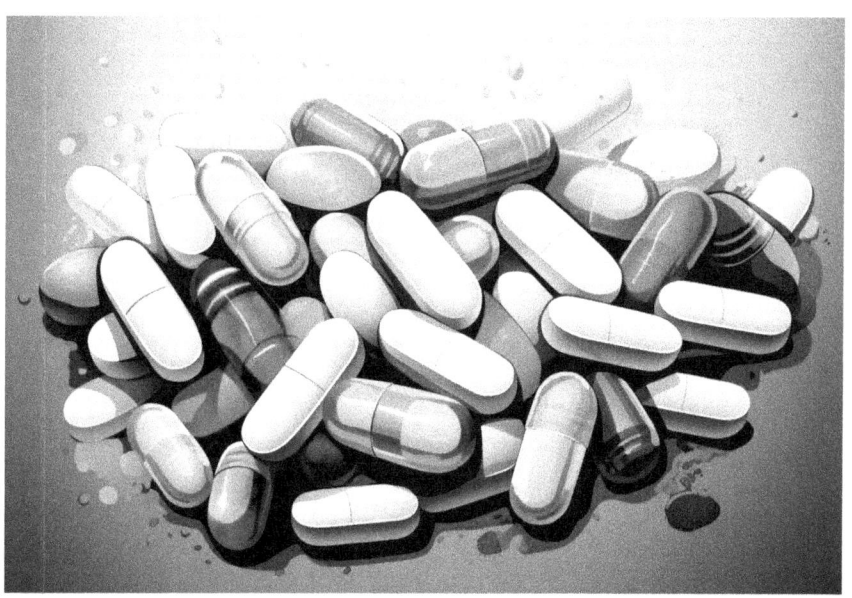

Les humains obtiennent normalement des vitamines à travers la nourriture qu'ils mangent. Parfois, ils les obtiennent via des suppléments. Cependant, tout le monde ne connaît pas la fonction des vitamines. Les vitamines sont des composants qui aident à maintenir le bon fonctionnement de diverses parties du corps. Différentes vitamines ont différentes utilisations dans le corps. La vitamine A aide principalement à garder les dents, la peau et les os en bonne santé. La vitamine B aide à maintenir le fonctionnement du cerveau, un bon métabolisme et augmente la production d'énergie. La vitamine C aide les plaies à guérir, favorise la santé des dents et aide à stimuler le système immunitaire. La vitamine D aide le corps à absorber le calcium, c'est pourquoi elle est souvent ajoutée au lait. Le calcium aide à renforcer les os. La vitamine E aide le corps à créer des globules rouges. La vitamine K aide le sang à coaguler. Ce ne sont pas les seules fonctions de ces vitamines, mais ce sont les plus connues. Les vitamines ont souvent un impact sur de nombreux organes et ont une variété d'utilisations dans le corps. En maintenant une alimentation saine et en obtenant une quantité appropriée de soleil, vous pouvez vous assurer que vous avez toutes les vitamines nécessaires pour rester en bonne santé.

76. Boire du café

Le café est une boisson courante dans le monde entier. Il est créé à partir de grains de café, qui sont séchés et broyés. Les grains sont placés dans un filtre et de l'eau est filtrée à travers. Cette eau infusée de grains s'appelle le café. Il est souvent adouci avec du sucre ou des substituts du sucre. Parfois, de la crème ou du lait est ajouté pour enlever une partie de l'amertume. La saveur du café est une raison courante pour laquelle les gens en boivent. Certains aiment la saveur amère du café non sucré. D'autres aiment la saveur sucrée et crémeuse des cappuccinos. Ce n'est cependant pas la seule raison de boire du café. Le café contient de la caféine, qui est un stimulant. La caféine donne de l'énergie aux gens et les aide à se sentir mentalement alertes. Beaucoup de gens boivent du café pour cet effet. Le café a également des avantages pour la santé. Il peut stimuler le métabolisme et des études ont aussi montré qu'il peut améliorer la fonction hépatique. Ainsi, les gens boivent du café pour diverses raisons.

77. Faire une sieste

La sieste est quelque chose que la plupart des humains font quand ils sont jeunes. Certains humains continuent cette activité une fois plus âgés, tandis que d'autres cessent de faire la sieste après l'enfance. En tant que bébés, les siestes sont nécessaires pour que nous fonctionnions correctement, car les bébés ont besoin de beaucoup plus de sommeil que les enfants plus âgés et les adultes. Une fois que les humains ont dépassé le stade du nourrisson, les siestes aident généralement les individus à se sentir plus reposés dans la journée. Les enfants peuvent être encouragés à faire la sieste lorsqu'ils sont jeunes, car ils ont tendance à devenir grincheux lorsqu'ils sont fatigués. Les adolescents et les adultes peuvent faire la sieste s'ils sont fatigués après l'école ou le travail afin qu'ils puissent se réveiller rafraîchis plus tard dans l'après-midi. Cette sensation rafraîchie aide les gens à se concentrer et à se sentir mieux que s'ils se battaient simplement pour rester éveillés lorsqu'ils sont fatigués. Parfois, les gens font la sieste en raison de conditions médicales, comme pour économiser de l'énergie pour lutter contre la grippe ou pour une condition telle que la narcolepsie qui oblige à avoir besoin de plus de sommeil. Certaines personnes peuvent également faire plus de siestes lorsqu'elles sont déprimées. Dans l'ensemble, les siestes ne sont généralement qu'un moyen de retrouver de l'énergie, mais elles peuvent parfois être le symptôme d'un problème plus important.

78. Faire du sport

Les gens aiment jouer et regarder une variété de sports. Il y a plusieurs raisons différentes pour lesquelles les gens aiment faire du sport. Tout d'abord, les gens aiment le sport simplement parce que c'est amusant. Il peut être gratifiant de marquer un but et de gagner un match. De plus, l'activité physique impliquée peut être divertissante. Deuxièmement, le sport est un excellent moyen de faire de l'exercice. Il peut être difficile et fastidieux de faire de l'exercice, mais participer à un jeu peut aider à rendre l'expérience plus agréable. Ça donne aux gens des objectifs à atteindre et ça ajoute de la complexité, gardant tout le monde engagé. Une autre raison pour laquelle les gens font du sport est que cela aide à renforcer les liens avec les autres. Travailler ensemble au sein d'une équipe peut aider à renforcer les amitiés. Jouer contre quelqu'un mais agir de manière juste et appropriée peut aussi avoir cet effet. Dans l'ensemble, les sports sont principalement pratiqués à des fins de divertissement, mais sont aussi parfois pratiqués en tant qu'exercice et de liaison.

79. Avoir des animaux de compagnie

Les humains gardent des animaux de compagnie pour des raisons de compagnie et de divertissement. Cependant, cela n'a pas toujours été le cas. Initialement, les humains ne gardaient pas du tout d'animaux domestiques. En réalité, les animaux ont joué un rôle plus important dans la création des animaux de compagnie que les humains. Les loups ont commencé à traîner autour des premiers humains parce que les humains avaient trop de viande à manger pour eux-mêmes. Les humains partageaient donc souvent cette viande avec les loups affamés, ce qui les a mené à devenir des animaux de compagnie. Au fil du temps, ils ont perdu leurs traits sauvages et sont devenus des chiens. Les chats partagent une histoire similaire, car ils ont commencé à traîner autour des humains afin de manger les souris qui affligaient les villages. Au fil du temps, les humains ont commencé à utiliser des chiens pour diverses tâches et ont commencé à élever délibérément des chats à des fins antiparasitaires. Finalement, les animaux de travail sont devenus moins courants et l'idée de les avoir comme compagnons a pris le dessus. Cela a mené à la vente d'autres animaux dociles - tels que les geckos et les bernard-l'hermites - en tant qu'animaux de compagnie.

80. Aimer la musique

Beaucoup de gens bondissent sur une chanson ou se mettent à danser sur leur air préféré et se demandent : « pourquoi est-ce si agréable ? » Les humains apprécient la musique depuis la nuit des temps où nous n'avions que des tambours et nos voix pour la faire. C'est à cause de l'effet que la musique a sur le cerveau humain. Le système limbique du cerveau humain réagit très fortement à la musique. Ce système est responsable de nous faire sentir récompensés après avoir terminé une tâche. Lorsque nous écoutons de la musique, elle active et libère de la dopamine. Cela provoque un plaisir intense. Mais nous pouvons aussi apprécier la musique au-delà de cette réponse basique. La musique peut également susciter une réponse émotionnelle en nous, nous permettant de nous sentir attirés par la musique qui nous parle. La musique triste peut faire en sorte que les gens tristes se sentent mieux ou moins seuls. La musique joyeuse peut aider les individus à célébrer leur propre bonheur. Cet aspect relationnel de la musique explique également pourquoi nous l'apprécions. Ainsi, alors que la musique nous amène naturellement à produire de la dopamine, elle nous touche également en créant des liens.

Le saviez-vous ?

- Le nez humain peut détecter plus de mille milliards d'odeurs différentes.
- L'être humain est capable de retenir jusqu'à 100 000 visages différents.
- Nos yeux ont la même taille dès la naissance, mais notre nez et nos oreilles continuent de grandir tout au long de notre vie.
- Les humains peuvent entendre des sons aussi bas que 20 Hz et aussi hauts que 20 000 Hz.
- L'estomac humain produit une nouvelle couche de mucus toutes les deux semaines pour éviter de se digérer lui-même.
- Le cerveau utilise environ 20 % de l'oxygène et de l'énergie du corps.
- Les cheveux sont plus résistants lorsqu'ils sont mouillés et le plus élastiques lorsqu'ils sont secs.

81. Avoir des attaques de panique

Les attaques de panique sont des événements très désagréables qui rendent les humains très anxieux et effrayés. Ces attaques peuvent durer de quelques minutes à quelques heures. Les symptômes comprennent une variété d'effets désagréables tels que l'essoufflement, un rythme cardiaque rapide et un sentiment de malheur imminent. Malgré que ces épisodes soient terrifiants, ils se produisent en raison d'un système important dans notre corps. Le système nerveux est prêt à répondre aux menaces par la lutte ou la fuite. Lorsque notre corps détecte un danger, il réagit en nous préparant à combattre la créature dangereuse ou à la fuir. Cela nous amène à absorber plus d'oxygène, à un gain d'énergie et à avoir envie de réagir. Lorsque ce système de réponse aux menaces s'active alors qu'aucune menace physique n'existe, il peut entraîner une attaque de panique. Le corps est prêt à se battre ou à fuir, mais ne peut faire ni l'un ni l'autre. Il en résulte des sentiments de peur ainsi qu'une variété d'autres symptômes désagréables. Pour certains, ces attaques se produisent rarement et sont faciles à gérer. Pour d'autres, elles se produisent souvent et peuvent nécessiter un traitement d'un professionnel de la santé mentale.

82. Regarder le Super Bowl

Pour les fans de football américain, regarder le Super Bowl est un événement annuel. Tout le monde mange de la nourriture, boit des boissons et s'installe pour regarder le grand match. Qu'est-ce qui rend ce jeu si spécial ? Le Super Bowl est le championnat de football américain. Les équipes jouent toute la saison dans l'espoir de pouvoir participer au Super Bowl à la fin de la saison. Les fans de football américain regardent ce match afin de savoir qui est la meilleure équipe de la saison. Certaines personnes regardent le Super Bowl pour d'autres raisons. Une autre raison pour laquelle quelqu'un peut regarder le Super Bowl est pour le spectacle de la mi-temps. Pendant la mi-temps, des artistes musicaux populaires sont choisis pour performer. Beaucoup de gens regardent ces spectacles. Enfin, certaines personnes regardent le Super Bowl afin de voir les publicités spécifiques du Super Bowl. Les entreprises se battent pour acheter un créneau pour que leur publicité puisse être jouée. Les publicités montrées sont généralement exceptionnellement drôles ou originales donc beaucoup de gens ignorent le jeu principal pour ne regarder que les publicités !

83. Aller nager dans les piscines

Nager est amusant et les humains nageaient bien avant l'invention des piscines. À l'origine, les gens nageaient dans des sources d'eau naturelles tels que les lacs, les rivières, les mers et les océans. Maintenant, les gens ont la possibilité de nager dans les piscines. En comparaison à la baignade dans une source d'eau naturelle, nager dans une piscine présente plusieurs avantages. Tout d'abord, c'est plus propre. Les humains contrôlent la propreté des piscines en filtrant l'eau et en y ajoutant du chlore ou du sel. Ceci tue les microbes qui peuvent nous rendre malades, ce que les sources d'eau naturelles ne peuvent pas faire. De plus, les piscines peuvent être construites n'importe où, ce qui rend la baignade plus accessible. On peut construire une piscine sur sa propriété pour pouvoir nager quand on en a envie. Les autorités municipales peuvent construire une piscine publique afin de fournir ce loisirs à ses habitants. Ces deux facteurs de propreté et de confort sont la principale raison de la popularité des piscines.

84. Voir en couleur

On sait que toutes les créatures ne voient pas les mêmes couleurs. Certaines créatures, comme les chiens, ne voient qu'une petite quantité de couleurs et sont généralement connues pour être daltoniennes. D'autres créatures, comme la crevette-mante, sont capables de voir tellement de couleurs et certaines de ces couleurs ne sont même pas visibles à l'œil humain. Qu'est-ce qui nous rend capables de voir les couleurs que nous voyons et incapables de voir d'autres couleurs ? Nos yeux ont des cellules appelées cônes qui nous aident à transformer les reflets de lumière en couleur. Ils abritent un type de cellule appelé photopigments qui aident à distinguer les différentes couleurs. Nos yeux récoltent l'information obtenue par les cônes - tel que le nombre de cônes activés et la force de leur activation - et utilisent ces informations pour déterminer la couleur que nous voyons. Les animaux qui ont plus de ces cônes peuvent voir une plus grande quantité de couleurs. On estime que les humains peuvent voir dix millions de couleurs différentes !

85. Fumer la viande avant de la cuire

Les aliments sont cuits pour diverses raisons, notamment le goût, la facilité de digestion et la sécurité. Cependant, nous prenons parfois des mesures supplémentaires au-delà de la simple cuisson d'un repas. Les humains font parfois quelque chose à la viande qui est appelé « fumer » la viande. Cette pratique a commencé au début de l'humanité durant la période paléolithique. Le fumage consiste à chauffer la viande pendant de longues périodes de temps sur certains types de bois afin de produire un effet spécifique. Il y a plusieurs raisons différentes pour lesquelles cette pratique est populaire. Tout d'abord, ça ajoute une saveur supplémentaire à la viande. Lorsqu'elle est fumée, la viande prend la saveur du bois avec lequel elle est fumée. Certains bois, comme le caryer, ajoutent une saveur délicieuse à la viande. Ça provoque aussi ce qu'on appelle la réaction de Maillard qui se produit lorsque les acides aminés et le sucre réagissent afin de « brunir » les aliments. Cela ajoute une saveur supplémentaire que les gens ont tendance à apprécier. Enfin, fumer et saler aident à conserver la viande et l'aident à durer plus longtemps. Ainsi, nous fumons de la viande principalement pour le goût, mais parfois nous le faisons aussi pour conserver la viande avant de devoir la manger.

86. Mariner la viande avant de la cuire

Parfois, avant de cuire la viande, les humains créent ce qu'on appelle une marinade. Les marinades sont un type de sauce ou de liquide dans lequel la viande est placée pendant une période de temps qui peut varier d'une heure à quelques jours. Le but de ce processus est de permettre à la marinade de pénétrer la viande. Cela a deux effets principaux. Tout d'abord, les marinades permettent aux saveurs de bien imprégner la viande contrairement à si la sauce est appliquée juste avant la cuisson. Cela permet aux saveurs choisies, telles que le teriyaki ou la sauce barbecue, de pénétrer profondément dans la viande afin que le goût se retrouve partout. Faire mariner de la viande a également un autre avantage. En marinant la viande dans des sauces un peu acides, la viande se décompose également un peu avant la cuisson. Cela aide à rendre la viande plus tendre et plus facile à mâcher. Ainsi, mariner la viande avant de la cuire rend la nourriture plus délicieuse et plus facile à manger.

87. Utiliser les réseaux sociaux

Les réseaux sociaux - tels que Facebook et Instagram - sont un moyen courant de passer son temps sur Internet. Cependant, il y a beaucoup de désaccord sur la question de savoir si leur utilisation est saine ou pas. Pourquoi les humains utilisent-ils les réseaux sociaux ? Les réseaux sociaux ont commencé comme un moyen de rester en contact avec des personnes qui vivaient loin ou avec qui on n'avait qu'une amitié occasionnelle. Facebook était à l'origine un site Web qui permettait aux étudiants de se connecter entre eux, et MySpace était une plateforme de réseaux sociaux qui encourageait les gens à montrer leur individualité à leurs amis et à leur famille. Au fur et à mesure du progrès de la technologie, les réseaux sociaux sont devenus plus populaires. Certaines plateformes comme Instagram ont encouragé les gens à publier des photos de leur vie. D'autres sites Web, tels que Reddit, ont permis aux utilisateurs de rester anonymes et de se parler. Dans l'ensemble, le concept reste que chaque plateforme permet aux gens du monde d'entrer en contact. Bien que cela soit maintenant parfois utilisé de manière nuisible, les gens l'utilisent encore généralement dans ce but.

88. Avoir des poils du corps

De nombreux animaux produisent de la fourrure afin d'aider à réguler leur température corporelle et à les garder en sécurité. Cependant, les humains ne produisent pas de fourrure. Au lieu de cela, les humains développent une fine couche de poils sur leur corps. Pourquoi en est-il ainsi ? Croyez-le ou non, la fine couche de poils que nous avons aide à réguler la température de notre corps dans une certaine mesure, bien que ce ne soit pas la seule raison. Lorsque nous avons froid, nos poils se lèvent et nous aident à nous isoler un peu plus, emprisonnant un peu de chaleur pour que nous nous réchauffions. Certaines concentrations de poils ont des objectifs supplémentaires. Les cheveux sur notre tête nous protègent du soleil. Les poils sur nos aisselles et nos parties génitales nous aident à nous protéger contre les frottements car ces zones ont tendance à se frotter les unes contre les autres lorsque nous bougeons. En attrapant la sueur et en fournissant un coussin, ils nous aident à éviter les blessures douloureuses. Les poils peuvent également aider à attraper des envahisseurs indésirables - tels que les insectes et la saleté - à chaque fois qu'ils atterrissent sur notre corps. Cela aide à les empêcher de pénétrer à l'intérieur de notre corps, ce qui peut nous rendre malades. Dans l'ensemble, les poils jouent un rôle important pour les humains, bien qu'ils ne soient plus aussi populaires aujourd'hui que dans le passé.

89. Produire du cérumen

Le cérumen peut être grossier et ennuyeux à traiter. Beaucoup de gens ont du mal à gérer leur cérumen car ils en produisent trop, donnant l'impression que leurs oreilles fuient ou sont affectées. Cependant, malgré que le cérumen puisse être irritant, il est nécessaire. Le cérumen protège le conduit auditif des envahisseurs et assure qu'ils ne peuvent pas pénétrer à l'intérieur et nous nuire. Ces envahisseurs peuvent être gros, comme les insectes. Le cérumen est collant et piège les insectes, les empêchant de faire des dommages au tympan. Parfois, cependant, les envahisseurs sont plus petits. Le cérumen piège également les microbes qui peuvent entraîner des infections de l'oreille. Bien qu'il ne réussisse pas toujours, le cérumen réduit considérablement le nombre d'infections de l'oreille chez les humains. La plupart des adultes humains n'attrapent quasiment pas d'infections de l'oreille. Il s'agit principalement d'une infection qui atteint les enfants. Le cérumen joue également un rôle important d'hydratation du conduit auditif. Sans elle, nos oreilles seraient sèches et couvertes de démangeaisons. Dans l'ensemble, nos oreilles ne pourraient pas fonctionner sans le cérumen.

90. Avoir des cils

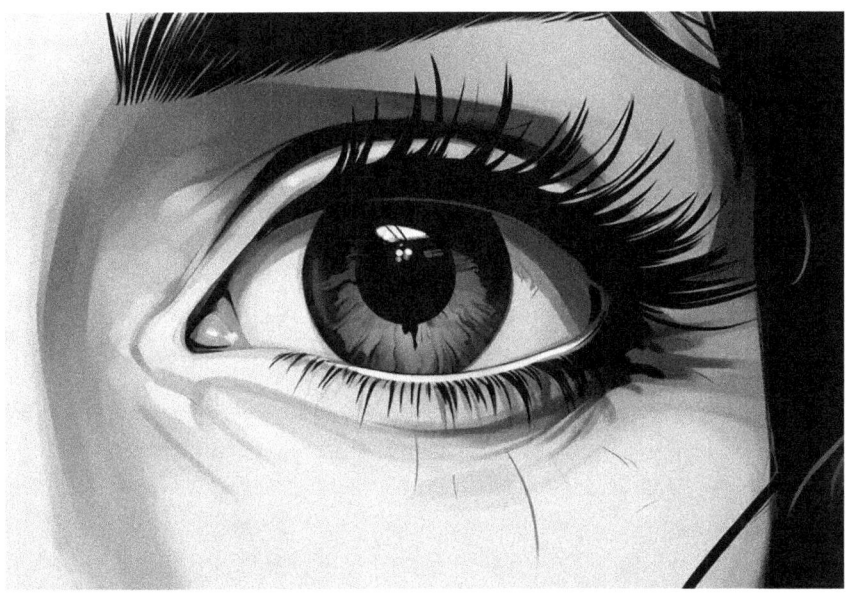

Les humains ont une variété de poils sur leur corps. Un type de cheveux qui diffère des autres est le cil. Les cils sont plus épais que les autres poils du corps humain, ayant une consistance similaire à celle des moustaches de chat, et c'est pour une bonne raison. Les cils nous aident à piéger la poussière et les débris afin qu'ils ne pénètrent pas dans nos yeux et ne causent pas de dégâts. Ce n'est cependant pas leur seul objectif. Les cils agissent également comme des capteurs pour nous. Si quelque chose s'approche trop près de nos yeux, les nerfs de nos follicules de cils s'activent et nous forcent à cligner des yeux. Cela aide à protéger nos yeux des projectiles. Les cils nous aident aussi à nous exprimer. En battant nos cils, les humains font preuve de charme. En outre, les cils sont également soignés pour des apparences physiques spécifiques. Beaucoup de gens portent même de faux cils pour qu'ils aient l'air plus longs ! Il est important de ne pas arracher ou endommager les cils naturels en raison de ce qu'ils nous apportent. Si l'on n'a que des faux cils, ils perdent le réflexe de clignement qui nous aide normalement à éviter les objets qui se déplacent vers notre œil. Ainsi, il est préférable de garder vos cils naturels, même si vous utilisez également des faux cils.

91. Marcher sur deux jambes

La plupart des animaux qui ont quatre membres primaires ne marchent pas sur deux pattes. Les humains et certains singes semblent être la principale exception. Pourquoi avons-nous quatre membres mais marchons-nous sur deux jambes ? De plus, pourquoi certains de nos cousins génétiques (singes) marchent-ils sur quatre pattes et d'autres sur seulement deux ? La réponse réside dans le concept de conservation d'énergie. Les humains ont évolué pour devenir des chasseurs de distance. A l'origine, nous suivions de gros animaux sur des kilomètres, les traquant jusqu'à ce qu'ils perdent trop d'énergie en tentant de maintenir une vitesse élevée - ce qui consomme beaucoup d'énergie. Ensuite, nous les attaquions et les tuions. Les scientifiques pensent que nous avons évolué pour ne marcher que sur nos jambes afin de conserver l'énergie. Des études montrent que marcher sur deux jambes consomme 75% moins de calories que de marcher sur quatre jambes. Ils montrent également que marcher sur deux jambes consomme 75% moins d'énergie. Économiser cette énergie a permis aux chasses de durer plus longtemps et à moins d'épuisement par la suite. Bien que nous ne pratiquions plus la chasse à distance, nous continuons à marcher sur deux jambes.

92. Partir en congé de maternité

Le processus de grossesse, d'accouchement et de soins d'un nourrisson est un processus éprouvant pour le corps et l'esprit. Le congé de maternité est une période prolongée pendant laquelle les femmes enceintes sont autorisées à quitter leur emploi pour s'occuper de leur grossesse et, éventuellement, de leurs bébés. Le congé de maternité commence parfois avant la naissance du bébé. Les femmes ayant des grossesses à haut risque seront autorisées à arrêter le travail tôt afin d'avoir d'être reposées et pour assurer un accouchement sûr lorsque le bébé vient. Pour d'autres femmes, cela commence dès la naissance du bébé. Cela permet aux femmes de se remettre de l'accouchement - qui peut être extrêmement difficile pour le corps. Les femmes peuvent prendre jusqu'à quelques mois pour revenir à la normale après l'événement. Cela donne également aux femmes le temps de tisser des liens avec leur bébé, ce qui est crucial pendant la petite enfance. Les bébés développent un attachement à leur mère pendant cette période et le fait que leur mère reste à la maison avec eux aide grandement dans ce processus.

93. Développer des béguins

Les humains, en particulier ceux qui entrent dans leur adolescence, mentionnent souvent quelque chose appelé « béguins. » Les béguins sont des sentiments que nous ressentons lorsque nous sommes attirés par un autre humain. Ils peuvent nous rendre heureux ou étourdis, timides et facilement gênés. Dans certains cas, ils peuvent même nous rendre physiquement malades. Pourquoi cela se produit-il ? Les béguins sont basés sur le système de stress et de récompense de notre cerveau. Les béguins nous font produire de la dopamine. C'est ce qui les rend agréables. Cela peut nous rendre heureux et nous rendre moins fatigués et nous donner moins faim. En plus de cela, les réactions chimiques du cerveau en lien au combat ou à la fuite sont également activées lorsque nous sommes attirés par quelqu'un. De la noradrénaline est également libérée, ce qui nous rend nerveux. Une fois qu'un béguin commence à se former, des hormones de liaison telles que l'ocytocine sont également libérées, ce qui nous fait ressentir davantage envers la personne. Ces processus rendent plus probable le fait que nous nous lierons à une personne et produirons des enfants, ce qui favorise notre espèce.

94. Faire de l'art

Les humains aiment faire de l'art. Même les jeunes enfants sont souvent en train de gribouiller ou de bricoler avec de la colle et du papier. Les enfants plus âgés peuvent pratiquer le dessin et la peinture. Les adultes peuvent peindre et créer des statues d'argile pour le plaisir ou pour leur carrière. Pourquoi faisons-nous cela ? La réponse est simple. L'art est une forme de tenue de dossiers et d'expression de soi. Nous racontons des histoires via notre art, ce qui nous permet de garder des traces de sentiments et d'événements importants sans avoir à utiliser de mots. C'est souvent la raison pour laquelle les anciens humains participaient à l'activité, avec des dessins rupestres pour raconter des histoires de chasses réussies et d'autres événements. De plus, l'art nous aide à exprimer des émotions qui ne peuvent pas être exprimées avec des mots. En utilisant des lignes, des ombrages, des couleurs et une variété de techniques, nous pouvons reproduire ce que nous ressentons à l'intérieur. En outre, certaines personnes choisissent de faire de l'art comme carrière. Ces personnes peuvent peindre ou créer des sculptures en argile afin de vendre leurs œuvres pour gagner de l'argent.

95. Donner des câlins

Les câlins sont une partie intégrale de la vie humaine. Nous nous câlinons pour montrer notre amour. Nous nous câlinons pour réconforter les autres. Nous nous câlinons pour dire bonjour et au revoir. Pourquoi aimons-nous tant donner des câlins ? Il y a plusieurs raisons pour lesquelles les câlins sont si agréables pour les humains. La raison principale est que les câlins libèrent de l'ocytocine, une hormone qui favorise l'amour et la liaison. Cette hormone nous aide à nous sentir en sécurité et soignés par les autres - l'aspect réconfortant des câlins. Les câlins nous aident également à réduire les sentiments négatifs tels que la tristesse, la colère et le stress. L'ocytocine aide à surmonter les émotions négatives et nous aide à nous sentir en sécurité. Il y a aussi d'autres avantages aux câlins. Bien que cela ne soit pas entièrement compris, les scientifiques ont découvert un lien entre donner des câlins aux autres et tomber malade moins souvent. Apparemment, plus de câlins est corrélé au fait d'avoir moins de maladies au long de sa vie. Ainsi, les câlins nous aident à nous sentir bien mentalement et physiquement !

96. Avoir des ongles incarnés

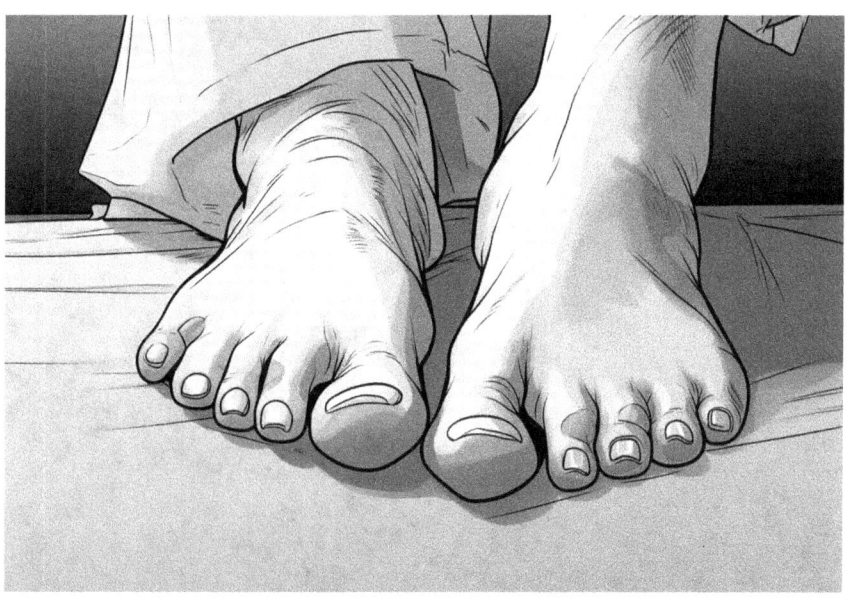

Les ongles incarnés sont désagréables. Ils consistent en un coin d'un ongle d'orteil qui pousse dans la peau de l'orteil, perçant les tissus délicats et causant de la douleur. S'ils ne sont pas traités, les ongles incarnés peuvent même s'infecter. Comment se forment-ils ? Parfois, les ongles incarnés sont dûs à la façon dont on naît. Certaines personnes ont simplement des ongles d'orteils qui sont trop gros pour leurs orteils ils se développent donc dans la peau. Cependant, ce n'est souvent pas le cas. La plupart des cas d'ongles incarnés sont causés par des humains qui font quelque chose qu'ils ne sont pas censés faire. L'une de ces causes est de porter des chaussures trop serrées. Cela peut serrer les orteils et provoquer l'entrée de l'ongle dans la peau. Une autre de ces causes est une mauvaise coupe des ongles d'orteils qui provoque la croissance de l'ongle à un angle étrange, menant à un ongle incarné. Parfois, les gens peuvent soigner leurs ongles incarnés à la maison en coinçant un morceau de coton sous l'ongle afin qu'il pousse sur l'orteil. D'autres fois, un médecin doit intervenir pour aider à enlever l'ongle incarné.

97. Serrer la main

Serrer la main est maintenant connu comme une façon polie et formelle de saluer quelqu'un que vous venez de rencontrer. Cependant, cette salutation n'est pas née en tant que telle. En réalité, le serrage de main a commencé comme une prise ferme du bras de l'autre personne. Plus précisément, lorsque deux étrangers se rencontraient, ils saisissaient le bras de l'épée de l'autre pour tenter de s'assurer que l'autre était incapable de dégainer son arme. Une fois que les alliances de l'autre étaient garanties, les individus se libéraient mutuellement. Les épées devenant moins courantes, cela s'est lentement transformé en un simple bras serré pour vérifier que l'autre n'avait pas d'arme. Ça a aussi évolué en tendant la main pour serrer l'avant-bras comme un geste de salutation - sans rapport avec l'armement. Les Quakers, un sous-ensemble de chrétiens qui promeuvent l'égalité et la simplicité, ont popularisé cette évolution spécifique de l'action car ils estimaient qu'elle était plus appropriée que de s'incliner ou de lever son chapeau. Finalement, le fermoir a changé pour n'inclure que les mains. Ensuite, un mouvement de haut en bas fut ajouté.

98. Avoir des jardins

Le jardinage est un passe-temps que beaucoup de gens apprécient. Cependant, ce n'était pas toujours un luxe comme ça l'est aujourd'hui. À l'origine, les jardins étaient une nécessité. Le jardinage et l'agriculture étaient essentiellement la même chose aux débuts de la culture alimentaire. Une tribu ou une communauté cultivait de la nourriture et la distribuait au besoin. Une fois que le commerce est devenu populaire, l'agriculture et le jardinage ont commencé à se différencier. Les fermes sont devenues l'endroit où les récoltes étaient dédiées pour le commerce. Les jardins ont été destinés à un usage personnel. Souvent, les paysans de l'époque médiévale avaient leurs propres jardins pour cultiver leur propre nourriture en plus de la nourriture qu'ils cultivaient. Les familles riches à travers l'histoire avaient souvent des jardins luxueux pleins de plantes et de fleurs exotiques. Les familles pauvres avaient souvent des jardins bien planifiés remplis de plantes vivrières afin de compléter leur régime alimentaire. Aujourd'hui, les gens cultivent des jardins comme passe-temps, pour compléter leur alimentation et pour ajouter de la vie à leurs jardins. Dans certains endroits, les jardins communautaires refont leur apparition afin de fournir de la nourriture gratuite à ceux qui pourraient en avoir besoin.

99. Se mettre au régime

Les gens entendent souvent d'autres dire qu'ils ont besoin de se mettre au régime. Certains peuvent se demander pourquoi les gens choisissent de se mettre à certains régimes. En général, il y a trois raisons pour lesquelles on peut choisir de se mettre au régime : pour perdre du poids, pour être en meilleure santé ou pour traiter une condition médicale sous-jacente. Certains régimes n'améliorent pas nécessairement la santé des personnes qui les suivent, mais les aident à perdre du poids. Compter les calories est un régime qui tombe dans cette catégorie. Chez les personnes en surpoids, cela peut être bénéfique pour la santé sur une certaine période de temps. Certains régimes améliorent directement la santé en incluant des nutriments clés et en excluant les aliments malsains. Un exemple de ceci est le régime méditerranéen, qui comprend des graisses saines et beaucoup de nutriments que les gens ont tendance à manquer. D'autres régimes, tels que les régimes pauvres en sel pour les personnes souffrant d'hypertension artérielle, peuvent être utiles lorsqu'une personne a une condition médicale affectée par certains aliments. Dans l'ensemble, ce sont les principales raisons pour lesquelles les gens se mettent au régime.

100. Prendre des probiotiques

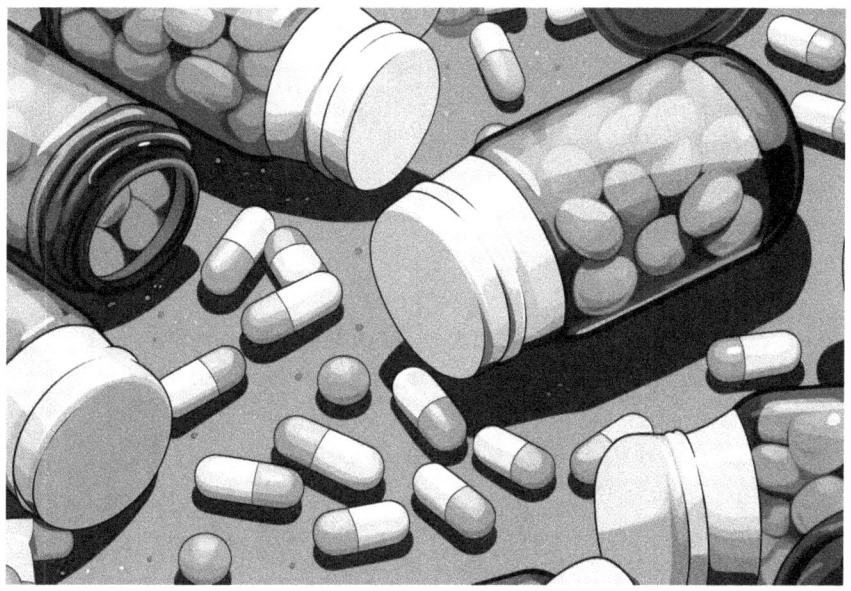

Beaucoup de gens connaissent les antibiotiques. Ce sont des médicaments administrés aux gens pour les aider à combattre des infections bactériennes. Cependant, moins de gens ont entendu parler des probiotiques. Alors que les antibiotiques éliminent les mauvaises bactéries, les probiotiques font le contraire. Les probiotiques sont des pilules ou des suppléments constitués de bonnes bactéries. Ces suppléments, lorsqu'ils sont avalés, libèrent les bactéries dans le système digestif. Cette bonne bactérie aide à décomposer les aliments et facilite la digestion. Les bonnes bactéries des probiotiques aident également à combattre les mauvaises bactéries lorsqu'il y en a trop. Ils aident également à empêcher les mauvaises bactéries de pénétrer dans la circulation sanguine en recouvrant le système digestif. Certaines bonnes bactéries aident même à la production de vitamines et aident à la dégradation et à l'absorption des médicaments. Ainsi, les probiotiques sont pris afin d'avoir un corps plus sain et de créer un meilleur équilibre entre les bonnes et les mauvaises bactéries. L'une des façons les plus courantes d'ingérer des probiotiques est de manger du yogourt, qui contient naturellement de bonnes bactéries.

Le saviez-vous ?

- L'homme est le seul animal capable de retarder intentionnellement le sommeil.
- Les plus petits os du corps humain se trouvent dans l'oreille et s'appellent les osselets.
- Nous avons une aversion naturelle pour les goûts amers, souvent associés à des toxines potentielles.
- Les êtres humains peuvent faire la différence entre l'eau chaude et l'eau froide en utilisant uniquement leur sens du toucher.
- Notre sens du toucher est le plus sensible au bout des doigts et aux lèvres.
- Les êtres humains sont capables de reconnaître la musique d'une culture à l'autre, même s'ils n'ont jamais entendu ce style auparavant.

101. Parler

Les humains sont les seuls animaux vraiment capables de parler. Certains animaux, comme certaines espèces d'oiseaux, peuvent imiter la parole dans une certaine mesure. Cependant, aucun autre animal n'est capable de parler en soi. Cela est dû à la façon dont notre corps est construit. Lorsque nous parlons, l'air des poumons se déplace vers le haut et vers l'extérieur. Il traverse notre trachée et notre larynx (également connu sous le nom de boîte vocale ou cordes vocales). Il est ensuite moulé par notre gorge, notre langue, nos dents, nos joues et nos lèvres afin de produire certains sons. En changeant la taille, la forme et la position de ces parties du corps, nous pouvons produire différents sons. En outre, l'arrêt et la libération de flux d'air dans certaines circonstances peuvent également produire différents sons et tonalités. Cependant, la parole commence ailleurs : le cerveau. Il y a trois zones du cerveau associées à la parole : l'aire de Wernicke (qui crée les mots), l'aire de Broca (qui aide à planifier les phrases) et le cortex moteur (qui contrôle le mouvement musculaire). Ensemble, le cerveau dit au corps comment bouger pour faire certains bruits.

Bonus !

Merci de me soutenir et d'avoir acheté ce livre ! J'aimerais vous envoyer quelques cadeaux. Ils comprennent :

- La version digitale de *500 World War I & II Facts*

- La version digitale de *101 Idioms and Phrases*

- Le livre audio de mon best-seller *1144 Random Facts*

Scannez le code QR ci-dessous, entrez votre courriel et je vous enverrai tous les fichiers. Bonne lecture !

Consultez mes autres livres !

www.ingramcontent.com/pod-product-compliance
Lightning Source LLC
Chambersburg PA
CBHW052058110526
44591CB00013B/2257